大遗址保护

洛阳高峰论坛文集

国家文物局 编

大遗址保护洛阳高峰论坛开幕

四大专题展览开幕仪式

中共中央政治局常委李长春参观洛阳新区博物馆

国家文物局局长单霁翔、副局长宋新潮参观隋唐洛阳城宫城考古遗址公园

隋唐洛阳城定鼎门遗址博物馆开馆仪式

隋唐洛阳城宫城考古遗址公园项目启动仪式

国家文物局副局长童明康、河南省副省长郭庚茂出席隋唐洛阳城宫城
遗址考古公园启动仪式

与会代表出席高峰论坛

目录

前言

　　为积极推进大遗址保护工作深入开展，国家文物局和河南省人民政府于2009年10月31日联合在洛阳举办大遗址保护高峰论坛。来自北京、西安、杭州、成都、广州、南京、郑州、长沙、长春、洛阳、无锡、扬州、安阳、开封、荆州、朝阳、嘉兴、集安等城市的市委书记、市长，以及22个省市文物部门和科研机构的代表应邀出席了会议。论坛全面总结了5年来我国大遗址保护的成果以及以"三线两片"为核心、100处大遗址为接点的大遗址保护新格局，重点阐述了建设考古遗址公园，是新时期大遗址保护和利用的成功实践和有效途径，并从战略高度对"十二五"全国大遗址保护工作进行了动员部署。同时，论坛围绕"城市核心区大遗址保护"的主题，展开了卓有成效和富有建设性的讨论，达到了交流经验、分享成果的目的，形成了《大遗址保护洛阳宣言》，在我国文化遗产保护特别是大遗址保护领域具有里程碑意义。为丰富活动内容，在河南省文物局和洛阳市人民政府的共同努力下，举办了隋唐洛阳城定鼎门遗址博物馆开馆和宫城考古遗址公园建设项目启动仪式等大型活动，《秦汉—罗马文明展》、《大遗址保护成果展》、《中国古代都城文明展》、《洛阳珍宝展》等4个专题展览在洛阳博物馆新馆集中亮相，取得了良好的效果。

为全面总结本次论坛成果，交流各地在大遗址保护方面的成功经验，积极探索新时期我国大遗址保护利用新途径，我们搜集整理了论坛中的相关发言材料，汇集成《大遗址保护洛阳高峰论坛文集》。同时，以此感谢为本次高峰论坛贡献力量作出无私奉献的所有参与者。

大遗址保护洛阳宣言

我们，来自北京、西安、杭州、成都、广州、南京、郑州、长沙、长春、洛阳、无锡、扬州、安阳、开封、荆州、朝阳、嘉兴、集安等城市的代表，继2008年大遗址保护西安高峰论坛之后，在国家文物局、河南省人民政府的倡导下，相聚古都洛阳，交流经验，分享成果，继续探索大遗址保护与城市发展的和谐之路。

我们认识到，文化是城市的灵魂，大遗址作为不可再生的珍贵文化资源，是城市发展的积极力量。加强大遗址保护工作是践行科学发展观的重要举措，既是时代发展的必然要求，也是彰显城市特色的有效途径。

我们认识到，良渚论坛倡导的建设考古遗址公园的理念，是文化遗产保护理论的创新，是积极保护文化遗产、实现区域经济社会和谐发展的战略构想。

我们认识到，城市核心区的大遗址保护极具挑战性；当前在城市核心区和城乡结合部建设考古遗址公园，有助于协调文化遗产保护和城乡经济社会发展的关系，有助于发展文化旅游和相关产业，有助于提升城市文化品位。

为推进考古遗址公园建设，进一步加强大遗址保护，传承和弘扬祖国优秀历史文化，我们郑重承诺：

一、坚持统筹规划、持续发展原则，从遗址保护和城市发展的实际出发，科学规划，有序推进，努力实现大遗址保护和利用的和谐共赢。

二、坚持政府主导、多方参与原则，进一步强化政府主导地位，正确引导，加强管理，调动社会力量和广大民众支持、参与大遗址保护的积极性。

三、坚持公益为主、惠及民众原则，切实维护考古遗址公园建设的公益性，避免片面追求商业化，始终将大遗址保护成果全民共享作为工作的出发点和落脚点。

四、坚持解放思想、开拓创新原则，因地制宜，积极探索考古遗址公园建设与管理的机制和方法，开拓大遗址保护利用新局面。

大遗址保护正处于承前启后、继往开来的关键时期，任重道远。让我们携起手来，共同谱写大遗址保护的新篇章，迎接大遗址保护的新时代！

论坛全体代表

2009年11月1日于洛阳

在大遗址保护
洛阳高峰论坛上的致辞

中共河南省委常委、河南省人民政府副省长 孔玉芳

尊敬的各位领导、各位来宾，同志们、朋友们：

大家下午好！

红枫送金秋，中州迎高朋。在这美好的时节，四方宾客齐聚洛阳，共议中华文明传承大计，共商大遗址保护利用良策。在此，我代表河南省委、省政府对大遗址保护洛阳高峰论坛的举办表示热烈的祝贺！向出席论坛的各位领导、各位来宾表示诚挚的欢迎！

河南是中华文明的重要发祥地，古老厚重而又生机勃发，文化灿烂而又山川秀美。近年来，我们按照科学发展观的要求，把文化建设摆上与经济建设同等重要的位置，着力推进经济大省向经济强省的跨越、文化资源大省向文化强省的跨越，经济与文化交相辉映、硬实力和软实力同步提升，经济跨越再造了一个新河南，文化跨越开辟了一个新天地，成为实现了由传统农业大省向全国重要的经济大省、新兴工业大省和有影响的文化大省的历史性转变，一个充满生机活力，日益开放的河南正以崭新的面貌展现在世人面前。2008年全省生产总值达到1.83万亿元，同比增长14.1%，稳居全国第五位。今年尽管遇到国际金融危机的冲击，河南经济仍保持良

好的发展势头，前三季度生产总值同比增长9.3%，全年增速将突破10%，经济总量有望跨上2万亿元新台阶。这些成绩的取得，是党中央、国务院正确领导的结果，是全省广大干部群众团结奋斗的结果，也是与中央各部门、各兄弟省市的关心支持分不开的。借此机会，我代表9900多万河南人民，向大家长期以来对河南发展的关心、支持和帮助表示衷心的感谢！

"昔三代之居皆在河洛之间"。河南是中国的缩影，五千多年中华文明史中，河南处于全国经济、政治、文化中心的时间长达三千多年，先后有20多个朝代的200多位帝王定都或迁都于此，留下了无数令世界侧目的珍宝和遗产，彰显出神秘而又迷人的风采。从史前文明的仰韶遗址，到夏商时期的二里头、偃师商城、郑州商城、安阳殷墟遗址，再到隋唐洛阳城、汉魏洛阳故城，历史遗存遍布各地、俯拾皆是。在国家确定的100处重要大遗址中，河南共有14处入围，其中洛阳独占5处。基于对文物大省、文化资源大省基本省情的深刻认识，河南省委、省政府历来高度重视文物保护工作，特别是在大遗址保护上，我们认真贯彻国家文物保护的各项指导思想，不断更新保护理念，将文化遗产保护事业自学融入到文化强省建设的大局中来统筹安排，形成了政府主导、部门协作的大遗址保护工作新机制，建立了统筹协调、快速均衡推进的管理体系。截至目前，河南省有关大遗址保护的专项法规、规章等已近20部。并且逐年加大投资力度，积极为文物抢救保护工程提供有力的资金保证。近四年来，我省各级财政针对大遗址保护投入的配套资金已接近5亿元。全省各项大遗址保护工程已全面实施，列入国家"十一五"时期重点保护的14处大遗址中，已完成郑州商城等10处大遗址总体规划的编制工作，其中投资2.7亿元的隋唐洛阳城等大遗址保护展示工程已现雏形。我们不断在理念上寻求突破和创新，努力探索一条既有利于大遗址保护，又有利于当地经济社会发展的新路子，取得了良好的成效。

在当今工业化、城镇化加快推进，人民群众文化需求日益增长的新情况下，大遗址保护与土地资源紧张的矛盾、与城市建设的矛盾、与传统保护理念和保护模式不协调的矛盾日益凸显。我们要以这次论坛为契机，以积极的文化自觉、紧迫的历史责任感和高瞻的战略眼光，用新思维、新理念探索措施、新办法，切实做好大遗址保护工作。

第一，认识上再提高度，使历史文脉传承不断。

树立历史责任观，把大遗址保护作为文物保护的重中之中。大遗址是千年文明史的主要载体，年代跨度长、规模大、占地广、文化价值突出，体现了中华民族和文明的起源、形成和发展，代表了古代文化的丰富内涵和发展轨迹，是中华文明的历史见证，是文化宝库的瑰宝、文化遗产的精髓。在我国已公布的6批全国重点文物保护单位中，有四分之一左右是大遗址。当前我国城市化正处在迅速扩张时期，土地需求与作为大遗址载体的土地保护之间的矛盾在不断加剧。我们既要认识到大遗址的土地资源价值属性，更要认识到大遗址的文化遗产资源价值属性。要从全民族甚至全人类利益出发，服从大遗址文化遗产属性的要求，遵循文化遗产运动规律，坚持保护为主、合理开发，以期达到永续利用的目的。河南承担大遗址保护和研究的任务繁重而艰巨，在国家文物保护中具有特殊的重要性、代表性和影响力。我们要对历史有担当，要对后人有交代，决不能让大遗址在我们这一代手中消失、遭到破坏，必须本着对事业、对历史、对后代高度负责的态度保护好这些大遗址。

树立文化财富观，把大遗址保护作为提升软实力的强力支撑。一座都城遗址，体现和浓缩了上千年的历史风云，承载着丰富的历史信息和文化内涵，不仅具有深厚的科学与文化底蕴，同时也是极具特色的环境景观和旅游资源。大遗址是不可再生的文化资源，我们要通过政府引导、媒体传播来营造良好的历史文化遗产保护氛围，提升大众的遗产保护理念，使它真正成为激发中华民族自信心、自豪感、创造力的无尽源泉。文化遗产是所在城市宝贵的财富，使城市摆脱千城一面的资源，也是促进当地经济社会发展的动力。我们要牢固树立"积极保护、合理利用是更高层次保护"的科学发展理念，把有效保护与合理利用有机结合，把保护大遗址与促进经济社会发展、惠及民生有机结合，把发掘弘扬历史文化与不断丰富人民群众现实文化生活有机结合，使不可再生的资源转化为发展优势，带动相关产业发展，提升文化软实力。

树立和谐共存观，把大遗址保护作为城市发展的特色品牌。城市中的大遗址，是一座城市的文脉标志，是城市文化景观的核心要素，是城市可持续发展的资本和动力。保护和利用是提升城市品位、推动城市发展、改善民生的重要途径。保护好这类大遗址，有利于建设独具特色的城市文化，打造独一无二的城市名片。我们要把遗址保护和城市建设改造相结合，整治遗址周边环境，改善城市环境，改善遗址区内居民的居住条件和生活质量。洛阳市隋唐洛阳城宫城核心区的保护，投资2.7亿元，搬迁近400户居民，把埋藏在城市中的大遗址深沉沧桑的美也展现出来，古代文明与现代文明交相辉映，使环境整治了，绿地增加了，城市品位提升了，品牌更响了。我们要把大遗址保护作为民生工程，谋求大遗址保护与当地经济社会的发展相契合，与当地群众人居环境改善和生产致富相结合。要把大遗址公园作为亮化工程，让大遗址成为城市最美丽的地方、具有文化品位的空间，让群众接近遗址、认知遗产、传承文化，实现遗产保护和群众利益、城市建设的多赢，成为城市发展不可多得的财富。

第二，保护上再加力度，使文明之根万年长存。

在中央高度重视、国家文物局积极推动、各级政府积极响应下，我国的大遗址保护卓有成效。但同时也要清醒地认识到，大遗址保护没有一劳永逸，仍然是今后相当长时期面临的一个重要课题。科学地开展大遗址保护与利用工作，必须认真处理好经济利益与文化利益、整体利益与局部利益、长远利益与当前利益的关系，努力使大遗址这一珍贵的人类精神文化财富在城市化进程中得到有效保护。

一是科学制定规划。大遗址保护范围广大，保护对象众多，牵涉利益方方面面，必须充分吸收国内外大遗址保护的先进理念，制定严谨科学的总体保护利用规划，用规划来控制建设行为、约束利益关系，用法律法规来督促落实。二是继续加大投入。要按照文物保护工作"五纳入"的要求，进一步加大政府投入力度，引导并鼓励社会力量参与文化遗产保护，形成"政府主导、社会参与、多元投资"的文化遗产保护投入机制。三是健全保护机制。要坚持政府主导与公众参与相结合，学术研究与媒体传播相结合，整体保护与模式创新相结合，开创大遗址保护新局面。河南是大遗址保护的重点省份，要努力建好一流大遗址，发挥示范带动作用，提升我省文物保护利用的整体水平。

第三，展示上再增亮度，使文化财富熠熠生辉。

文化遗产保护的目的是资源共享，传承后人，从文化遗产中得到智慧、受到启迪。要通过建立教研遗迹公园、遗址超自然、文物旅游景点、城市休闲绿地等形式，让文物遗址、文化遗产得到有效保护、合理利用。一是与现代科技相结合，探索保护展示的新模式。遗址体现古人的智慧，展示标志当今的进步。在世界各地遗迹展示上乘之作不断出现，展示手段日新月异的今天，展示与利用的重要性逐渐显现。一方面要借助科技化、系统化、人性化的展示设计，通过多种展示手段的综合利用，将遗址以更加通俗易懂的形式介绍给普通参观者，为公众提供开放和直观的教研教材，引导公众走近遗址、热爱遗址。另一方面通过对遗址整体景观的精心塑造，遗址内涵和价值，形成独特的风格魅力，使遗址成为令人流连忘返的游览胜地，成为文物保护的示范地和传承历史文脉的新阵地。二是与城市建设相结合，提升城市品位的新高度。文化是城市的灵魂，保护大遗址就是保护一座城市的"文化之根"，它对延续一座城市的历史文脉、彰显城市个性、提升文化品位、提高城市综合竞争力具有重要的现实意义。要把以人为本，因地制宜，搞好开发保护，加强环境整治，把大遗址建成城市中最亮丽的风景，最有文化品位的空间，成为城市的文化名片。三是与文化旅游相结合，形成经济发展的新亮点。大遗址承载着悠久的文化积淀，是满足现代人崇尚寻根访古精神需求的重要载体，是最能吸引游客的人文景观，也是旅游城市不可或缺的最大"卖点"。要深入挖掘大遗址内涵和价值，促进旅游等相关产业发展，为区域经济提供新的增长点，打造成为旅游立省的新亮点。

各位领导、各位专家，河南在大遗址保护工作中进行了一些探索和尝试，取得了一些成效，但也面临着诸多困难和挑战。我们要以这次论坛举办为契机，汲取专家的智慧和建议，认真学习借鉴兄弟省市的经验，运用好论坛的成果，努力把河南的大遗址保护工作推上一个新台阶，为中华文明的传承作出新贡献。

中原文化博大精深，中原大地生机勃发。我们诚挚邀请大家在豫期间多走一走、多看一看，感受一下古老而年轻的河南，领悟一下生机勃勃、正在崛起的河南，帮助我们更好地建设美好中原、富裕中原、和谐中原。

祝"大遗址保护洛阳高峰论坛"圆满成功！

祝各位领导、各位专家在豫期间工作顺利，心情愉快，身体健康！

谢谢大家！

解放思想 科学发展
迎接大遗址保护的新时代

国家文物局副局长　童明康

　　尊敬各位领导，各位来宾，女士们，先生们：

　　两年前，国家文物局、河南省人民政府在洛阳召开了大遗址保护现场会，全面启动了洛阳片区的大遗址保护工作。在那次会上，我们注意到一方面洛阳的大遗址保护面临着城市化进程加快和大规模城乡建设所带来的巨大压力与挑战，另一方面洛阳地下文物遗存丰富，五大遗址价值重大，影响深远，最应该优先得到有效保护与利用，洛阳现代城市建设的自身需求，也为大遗址保护利用提供了前所未有的良机。也是在那次会议上，洛阳市委、市政府解放思想、积极转变思路，果断地将隋唐洛阳城遗址的核心－宫城区中轴线上现有占压建筑的拆迁与环境整治工作调整到近期实施，明确提出将大遗址保护与洛阳城市的有机更新相结合，力争实现大遗址保护与城市发展的共赢。坦诚地讲，当时我们既因为前景的美好而对洛阳大遗址保护进程充满期盼，也因为工作的艰难而对此有些许担忧。在随后的两年来，我们不断听到洛阳大遗址保护工作取得进展的好消息，今天上午在隋唐洛阳城宫城核心区和定鼎门遗址保护现场的参观，更使我们感到振奋和鼓舞。在短短两年的时间里，

　　在河南省委省政府的领导和重视下，洛阳市委市政府坚持政府主导，以举城之力来保护大遗址，不但高水平高质量地完成了定鼎门遗址保护工程、阊阖门遗址保护工程，完成了隋唐洛阳城宫城核心区的拆迁和环境整治工作，有序开展宫城区考古遗址公园规划的编制工作，还创造性的提出了整体搬迁不合理占压在遗址上的洛玻集团，将大遗址保护与工业遗产保护、旧城改造、城市建设相结合的思路，这些给推进城市核心区大遗址保护提供了新鲜的思路，对在全国范围内打好城市核心区大遗址保护这一攻坚战有着十分积极的示范意义。在此，我代表国家文物局，代表单霁翔局长对洛阳市委市政府在大遗址保护上的大魄力、大行动表示由衷的敬佩！对洛阳市基层文物工作者常年守望文化遗产保护第一线的坚韧不拔表示衷心的感谢！对洛阳市人民在大遗址保护上所表现出来的大力支持表示衷心的感谢！

　　今天上午我们还参观了大遗址保护的成果展，共同回顾了近年来特别是近5年来的工作成绩。5年前，吉林、辽宁高句丽王城、王陵及贵族墓葬经过保护整治，成功申报世界文化遗产。3年前，殷墟遗址成功申报世界文化遗产；金沙遗址初步完成保护和环境整治，成为市民休闲的公共文化场所。2年前，大运河扬州城区段的综合整治工程，搬迁安置了所有的棚户居民，改变了城市生态环境，还提高了城河引水、防洪、排涝等功能。1年前，无锡鸿山遗址的保护整治工作，优化了其所在区域的空间布局，提升了城市文化的品位，改善了民众的生活品质；良渚遗址持续开展的保护与环境整治工作成绩显著，改善了当地居民的环境，美化了家园。同样也是在1年前，大明宫遗址获得了前所未有的生机——不合理占压遗址的建筑得到全面拆除，为科学保护和展示大明宫遗址创造了条件。

　　有感于大遗址保护的蓬勃发展，去年10月国家文物局和陕西省人民政府联合在西安召开了首次大遗址保护高峰论坛。借此机会，我也想向各位代表简要汇报一下西安高峰论坛召开1年来，大遗址保护的一些最新进展：

　　——长城资源调查和保护工作取得重大进展。2009年4月，国家文物局、国家测绘局发布了明长城资源调查的最终数据——明长城的总长度为8851.8千米，这也是新中国成立以来我国首次发布明长城测量数据。同时在李长春、刘延东等中央领导的直接关怀下，总投资2亿元的山海关长城关城保护工程顺利通过国家级验收。

——大运河保护与申遗工作全面开展。党中央、国务院同意将大运河作为我国2014年申报世界文化遗产项目。今年4月，中央13部门与运河沿线8省市共同成立大运河保护和申遗省部际会商小组，联合发布了《关于加强大运河保护和申遗工作的意见》，进一步统一认识，统一行动。大运河地市级保护规划的编制和省级评审工作已基本完成，即将全面进入保护实施阶段。一个月前，我们刚刚在扬州召开了大运河保护和申遗工作的会议，议定将于2010年底之前公布第一批申报世界文化遗产的大运河点段的初步名单。几天前，我们又在无锡召开了大运河保护和申遗的峰会，几天后，我们还将与全国政协在安徽召开大运河保护会议，进一步推动大运河的保护与申遗工作。

——丝绸之路大遗址保护和跨国联合申遗工作形势喜人。截至目前，丝绸之路沿线48处遗址点的保护工作已全面启动，吐鲁番地区遗址保护工作已取得阶段性成果；丝绸之路涉及的我国6个省区的申报文本已经取得阶段性成果，正在进行进一步的整合和完善。3天后，参与丝绸之路跨国申遗项目的国家及有关国际组织的代表将齐聚西安，进一步商讨落实2012年正式申报前各项工作的具体措施。

——各地重要大遗址保护工作有序推进，异彩纷呈。继去年10月大明宫考古遗址公园建设工作启动以来，牛河梁、良渚、汉长安城、秦始皇陵、隋唐洛阳城、汉魏洛阳城、偃师商城、长沙铜官窑、扬州城、广州南越国宫署、荆州纪南城、郑州商城、鸿山遗址、元上都、北庭故城等的保护工作在有序推进。许多尚未纳入100处大遗址项目库的重点遗址也在积极启动，如重庆钓鱼城遗址、嘉兴马家浜遗址、开封北宋东京汴梁城遗址、无锡阖闾城遗址等。所有这些工作的开展，为大遗址保护带来了全新的契机，我国大遗址保护工作进入新阶段。

同志们，自2005年全面启动大遗址保护工作以来，我们携手共进，风雨同舟，脚踏实地，走过了振奋人心的5年。

5年来，大遗址越来越得到政府的重视，越来越得到社会各界的关注，越来越拥有自己的尊严。在党中央、国务院的关怀下，在各有关部委的重视和支持下，地方各级党委、政府不断解放思想，开拓创新，积极探索城乡整体协调发展战略，将大遗址作为宝贵的资源和财富、作为一个地区发展的动力，将大遗址保护作为落实科学发展观、推动经济社会协调发展的一个新的着力点，对大遗址保护工作的重视和投入力度显著加大。越来越多的地方党委政府认识到大遗址保护的意义，积极主导大遗址保护的实践；越来越多的民众越来越关注大遗址保护的发展，越来越理解大遗址保护的行动。在政府主导，社会参与的积极保护下，大遗址正在摆脱"蓬头垢面"的形象，逐渐成为城市中最美丽的地方，而我们的大遗址保护也形成了以长城、大运河、丝绸之路、西安片区、洛阳片区"三线两片"为核心，100处重要大遗址为重要节点的基本格局。

5年来，大遗址保护行为越来越融入经济社会发展，越来越成为促进区域经济社会和谐发展的积极力量。比如隋唐洛阳城宫城核心区重要遗址的保护，实现了洛阳市旧城区的有机更新，推进了经济社会的全面发展，也带动了洛阳市的产业转型和城市转型。针对隋唐洛阳城遗址所开展的富有成效的保护行动，以及西安、无锡、扬州、杭州、安阳、郑州、成都、集安等地的一系列实践案例充分表明，大遗址正在成为城市独具特色的名片，大遗址保护对优化城市空间格局，合理配置资源，促进旅游等相关产业的理性发展；对建设城市文化，彰显城市特色，保持文化多样性的积极作用得到初步显现。

5年来，大遗址保护成果越来越惠及广大人民群众。文化遗产是人民群众创造的，人民群众是文化遗产的真正主人，传承和弘扬优秀文化，推动文化遗产保护成果全民共享是我们工作的核心。比如，大明宫遗址的保护不仅使长期生活在脏乱差环境中的西安道北地区居民住上了窗明几净的楼房，而且还极大地活跃了当地的文化氛围，使西安市民拥有了一个极具文化创意的活动场所。无锡鸿山遗址的保护工程成为当地民众的致富工程，遗址涉及范围内的农户得到妥善安置，村庄的村容村貌得到整治，农业结构得到调整，高效农业得到发展，农民的收入得到不断的增加，生活得到不断的改善。这些都充分体现了大遗址保护的成果之一——提高了广大人民群众的生活水平，使人民群众体验到了文化遗产保护对于改善他们生活质量的价值，使人民群众从大遗址保护中得到了实实在在的实惠。

过去的5年，是我们不断解放思想、不断创新理念和不断探索实践的5年。大遗址保护实践开展5年以来，在城市核心区和城乡结合部建设考古遗址公园保护大遗址的思路逐渐明晰。大明宫考古遗址公园、良渚考古遗址公园、牛河梁考古遗址公园、隋唐洛阳城宫城考古遗址公园等的建设工作相继启动，扬州宋夹城考古遗址公园建成开放。考古遗址公园作为大遗址保护的一种有效方式，得到了专家的普遍认同，各地的积极响应和民众的一致拥护。

伴随着从圆明园遗址公园、秦始皇陵遗址公园，到今天纷纷启动的考古遗址公园这些伟大的实践，我们的认识也在进一步深化和拓展。特别是今年良渚论坛的主题就是考古遗址公园，使考古遗址公园的相关理论进一步明晰。

考古遗址公园是基于考古遗址本体及其环境的保护与展示，融合了教育、科研、游览、休闲等多项功能的城市公共文化空间。依托考古成果所建成的考古遗址公园，是以遗址为内容，以公园为形式。它不同于一般的城市公园或主题公园，包含了丰富的文化内涵和历史底蕴。同时，相较于单纯的遗址保护而言，它又更加强调公益性，更加注重文化遗产保护成果为全民所共享，其服务公众、反馈社会的功能更加突出。它是一种更为积极的保护方式。

考古遗址公园的建设，通过对大遗址所涉区域的环境整治、土地利用、产业调整、人口调控等手段，为更深入、持续地开展大遗址的考古、科研、保护、展示和利用等工作提供了相对独立的空间，有助于遗址考古、保护和研究等基础工作的长期和有计划的开展，有助于进一步加强遗址保护和展示。

考古遗址公园的建设，通过百姓喜闻乐见的遗址展示方式，更加科学的阐释和展示遗址的价值和内涵，可以更有效地拉近遗址同百姓的距离，更有效地向人民群众展示遗址的魅力之所在，更有效地向民众展示考古、研究、保护等工作的非凡成就，推动这些工作更好的反馈社会，充分发挥大遗址所具有的独特的社会价值。

考古遗址公园的建设，通过合理配置和有效利用城市公共资源，将文化遗产的内在价值转化为促进经济社会发展和民生改善的积极力量，促进了人居环境、生态环境等的改善与提升。它是妥善处理大遗址保护与城市经济社会发展矛盾的有效途径之一。

考古遗址公园的建设，充分听取并积极考虑各方的诉求，通过各级地方政府、民众、社区等利益相关者的共同参与和全民行动，形成文化遗产可持续保护与城市可持续发展的合力，形成以大遗址保护为核心和目的的利益共同体，为实现城市发展与大遗址保护的双赢创造了有利条件。

考古遗址公园建设尚刚刚起步，需要在实践中不断地总结、积累与完善，需要进一步地解放思想，不断推动理论与实践创新。现阶段，做好考古遗址公园建设工作，在实践中必须坚持好一个原则、处理好两个关系、落实好三个措施。

一、坚持可持续发展的原则

遗址及其景观环境是考古遗址公园的核心和基础，保护遗址的真实性、完整性和延续性，是建设考古遗址公园、塑造城市特色的根本所在。遗址的考古、研究、保护与展示以及考古遗址公园建设都是一个长期的过程。只有坚持可持续发展的原则，持续开展考古工作、稳步实施保护工作、不断完善展示工作，使遗址所特有的文化信息不断丰富，使遗址的生命力得到延续，考古遗址公园才能始终青春焕发，为城市带来恒久的魅力，从而更为长久地为城市经济社会发展发挥更大的作用。

二、处理好两个关系

首先，处理好考古遗址公园建设与遗址保护的关系。考古遗址公园的个性取决于遗址本身的个性，而遗址的个性又离不开考古、研究、保护和展示工作的持续开展。考古遗址公园建设要立足于遗址的性质，服从于文物保护的需求，着眼于遗址的科学展示与阐释，注意突出遗址感，并为考古、研究等基础工作的持续开展留有余地；要立足于遗址保护的公益性，坚持建设过程中的正确引导与有效控制，不能舍本逐末，过分片面地依赖市场运作，过分片面地追求经济效益，进而伤害其公益性的本质。

其次，处理好考古遗址公园建设与城市发展的关系。要进一步解放思想，开拓思路，从推动区域社会经济协调发展的高度来认识考古遗址公园建设这个实践，充分发挥大遗址在城市发展中的积极促进作用，紧密结合城市特点和城市功能，建设各具特色的考古遗址公园，充分实现遗址内在价值的"活化"，全面提升城市文化品位和居民的生活品质。

三、落实好三项措施

一是规划编制与实施。要高度重视考古、研究、保护等基础工作，充分把握遗址的内涵和特点，科学编制考古、保护、展示、建设等各项规划，并逐步实施。

二是机制创建与完善。要建立健全良好的运行机制，使各级政府、各有关部门、专家、民众的诉求都有通畅的表达渠道，充分发挥政府、社会力量、人民大众等的积极性和主动性，建立政府主导、行业指导、社会协同、公众参与的格局，实现和谐共赢。

三是抓好组织管理。要形成科学、高效的管理体系、人才培养体系和技术支撑体系，激发各方面的创造活力，科学有序地推进考古遗址公园的建设。

考古遗址公园是人遗址保护事业发展到一定阶段，保护经验不断积累、保护理念不断发展的产物，体现了保护工作思路的创新。其理论与实践体系并不是封闭的、凝固的，而是开放的、共享的、发展的，尚需要我们在今后的工作中不断地发展和完善。

即将到来的"十二五"是我们将大遗址保护工作推向一个新高度的关键时期，我们工作的广度和深度将得到进一步拓展。一方面大遗址保护格局将会以现有的"三线两片"为核心进一步拓展，加强对长江流域、茶马古道、陆疆和海疆地区等地大遗址保护工作的力度和强度。另一方面大遗址保护管理体系将会进一步发展和完善，相关法律法规逐渐完备、保护管理理念、保护展示技术等将得到长足发展。同时，考古遗址公园建设将作为"十二五"期间我国大遗址保护的重要内容得到大力推动和支持。随着我们工作的深入开展，考古遗址公园在确保遗址安全，促进大遗址保护融入经济社会发展，推动大遗址保护成果为全民所共享等方面，将会发挥更大的作用。预计"十二五"期间我国将可建成30处考古遗址公园和50处遗址博物馆。

各位代表，同志们，我们生活在一个充满生机、富有活力的时代，一个开拓未来、创造历史的时代。保护大遗址，传承和弘扬民族文化，是时代赋予我们的光荣使命，更是我们的历史责任。迎着中华民族伟大复兴的曙光，让我们解放思想、开拓创新，共同谱写大遗址保护的辉煌篇章，迎接大遗址保护的新时代的到来。

谢谢大家！

卓有成效地实施大遗址保护
激活历史文化名城千年宝藏

中共河南省委常委、洛阳市委书记　连维良

尊敬的各位领导、各位代表、同志们、朋友们：

在这秋风送爽、硕果飘香的美好时节，由国家文物局、河南省人民政府联合主办的大遗址保护高峰论坛在我市隆重举行。来自国家有关部委的领导、各省市的领导和专家学者齐聚千年帝都，共商大遗址保护大计，这是我国文化遗产保护领域的一件盛事。在此，我代表洛阳市委、市人大、市政府、市政协向各位领导、各位代表和朋友们表示热烈的欢迎和衷心的感谢！借此机会，我就洛阳市在大遗址保护方面的一些工作和体会，向各位领导、各位专家和各位代表作一简要汇报。

一、大遗址保护是促进文化大发展大繁荣的重要举措

我国实施保护的大遗址是中华5000年文明史的典型代表，承载着厚重的历史信息、文化内涵和景观价值。

洛阳因大遗址众多而著名，更因大遗址保护而受益，大遗址保护是洛阳实现文化资源大市向文化强市跨越的重要举措。洛阳是国务院首批命名的历史文化名城，先后有夏、商、西周、东周、东汉、曹魏、西晋、北魏、隋、唐、后梁、后唐、后晋等13个王朝建都洛阳，具有4000多年建城史、1500多年建都史。厚重的历史给洛阳留下了一大批极其宝贵的大遗址。在洛河沿岸、东西不足50公里的范围内，分布着二里头遗址、偃师商城、东周王城、汉魏故城、隋唐洛阳城以及邙山陵墓群等6处大型遗址，密度之高、规模之大、时间跨度之长、内涵之丰富，世所罕见。这些价值突出的大规模遗存，是我国早期都城遗址最杰出的代表、中华5000年文明最重要的物证。目前，洛阳拥有世界文化遗产1处，全国重点文物保护单位21处、省级文物保护单位105处，馆藏文物近40万件。"河图洛书"是河洛文化的重要标志，是中华文明的源头之一。周公制礼作乐开启了周文化先河，成为儒家文化之源。自汉至唐，洛阳是丝绸之路的东方起点，也是东方文化向东传播的源头，对当时的西域、日本、朝鲜等产生了巨大影响。近年来，国家实施大遗址保护工程，洛阳众多的大遗址得以有效保护，定鼎门、阊阖门、偃师商城西城墙等一批展示工程建成，使城市的文化品位大幅提高，城市人文景观和遗址公园大量增加，从而带动文化产业快速发展，旅游业空前繁荣，服务业全面振兴。有效的大遗址保护已经成为洛阳经济快速发展的重要推动力。

二、大遗址保护必须发挥政府主导、全民参与的积极作用

　　规划一块绿地，可以带动上百亩土地升值，而建设一个遗址公园，则可以让整个城市升值。建设一个工业项目，可以服务一个城市几十年，而保护一处大遗址，可以让一个城市受益上百年、上千年。一个科学有效的大遗址保护工程，既可以起到保护大遗址的作用，又可以起到集聚游客、光大优秀传统文化的作用。基于全市上下这种共识，洛阳在大遗址保护方面充分发挥政府主导作用和各种社会力量的参与作用，取得了一定的

阊阖门遗址保护展示工程

成效。

　　全市上下把大遗址保护作为实施文化强市和旅游兴市战略的重要内容。按照党的十七大提出的"实现文化大发展大繁荣"的新要求，我们把大遗址保护融入文化强市、旅游兴市战略，进一步加强文化遗产特别是大遗址保护，深入挖掘其文化内涵，加大开发展示力度，让大遗址保护的成果成为推动文化产业大发展大繁荣、促进旅游业快速健康发展的积极力量，努力实现城市建设和文化特色的融合、旅游业发展和文物保护的共赢，使大遗址保护真正成为经济社会发展和城市建设的重要载体。

　　科学编制以大遗址保护为基本前提的城乡总体规划。洛阳大遗址大都位于城市区或城乡结合部。20世纪50年代，洛阳在编制一期城市总规时，采取"避开老城建新城"的办法，在文物古迹较少的涧西平原地区建设工业区，创造了全国著名的"洛阳模式"，作为典型经验写入了教科书。20世纪90年代，在东有汉魏故城、北有邙山陵墓群的情况下，三期城市总规采取跨过洛河、避让隋唐城遗址、在洛河南岸规划建设新区的办法。在正在报批的城市四期总规修编中，为避开城市周边的大遗址和重要历史遗迹，提出了跨越伊河、在城市东南方向寻求城市发展空间的办法，有效解决了大遗址保护和城市发展空间不足的问题。在洛阳新区空间战略规划研究中，充分考虑东汉帝陵南兆域和汉魏故城遗址的保护，明确提出城市建设要避让大遗址、保护大遗址、

定鼎门

利用大遗址，让每一处大遗址都成为城市中一座美丽的遗址公园。在大遗址整体保护方面，我们坚持以科学的规划指导、协调保护和发展的关系，先后编制了五大都城遗址和邙山陵墓群整体保护规划。

建立健全依法、科学保护大遗址的体制机制。加快大遗址保护立法建设，先后出台了《汉魏故城保护条例》、《隋唐洛阳城遗址保护条例》和《二里头遗址和尸乡沟商城遗址保护条例》。《邙山陵墓群保护条例》也即将问世。健全领导机制，成立了全市大遗址保护领导机构和工作机构，健全了"县、乡、村"三级大遗址保护网络。组建了龙门石窟、隋唐城和汉魏故城等4个文化旅游产业园区。

积极探索大遗址保护展示的最佳模式。保护与展示相结合是大遗址最有效最有意义的保护形式。我们认真学习借鉴高句丽遗址、西安汉阳陵、成都金沙遗址等大遗址保护展示的先进经验，充分挖掘洛阳大遗址的内涵，把保护和展示有机结合，把文化和旅游有机结合，通过大遗址保护使"若问古今兴废事，请君只看洛阳城"更加真切。为做好隋唐城遗址保护展示，首先建成了隋唐城遗址植物园，定鼎门博物馆也基本竣工，宫城遗址公园将加快建设。汉魏故城遗址及偃师商城遗址的保护展示已取得明显成效。我们计划再通过5年左右时间的努力，在全市规划建设3~5处大遗址保护展示示范园区。届时，大遗址既得到了保护，又让其从以前的只可听、可读，发展到可看、可记，让大众共享大遗址保护的

汉魏故城北城墙

龙门石窟

成果。

结合旧城改造和产业布局调整，坚决拆除遗址核心区各类建筑。在隋唐城遗址保护工程中，实施了隋唐城定鼎门遗址和里坊区、隋唐城宫城核心区的拆迁整治，搬迁市公交公司、印刷厂等26家企事业单位，动迁居民700余户，累计拆迁10余万平方米，并对城市主干道唐宫路实施了改线。结合旧城改造、产业布局调整和工业遗产保护，整体搬迁洛玻集团，彻底解决占压隋唐城宫城核心区的问题，把九洲池和明堂、天堂遗址连为一个整体，真正实现隋唐城大遗址保护"出形象、出效果、成规模"的目标。

建立政府主导、多渠道投入的大遗址保护融资机制。我们在用好国家政策资金的同时，充分发挥市财政投入主渠道作用，加快大遗址保护工程建设。近年来，洛阳市财政投资17.6亿元，先后实施了三期隋唐城遗址

洛阳市大遗址分布

隋唐城宫城核心区拆迁整治中

隋唐城宫城考古遗址公园

保护工程，其中投资4亿元，建成了占地2800亩的隋唐城遗址植物园；投资1200万元，为定鼎门遗址保护工程征地142亩，并划拨218亩土地，用于隋唐城明堂、天堂、应天门遗址保护展示工程建设；投资13.5亿元，用于核心区拆迁和搬迁。投资4000万元，实施了汉魏故城遗址和偃师商城遗址保护工程。

三、大遗址保护需要坚持不懈地探索和创新

　　加强大遗址保护，是促进城市科学发展、快速发展的永恒主题。洛阳在这方面责任重大，任务繁重，我们将认真学习各地经验，继续在大遗址保护方面做更多的探索。

完善大遗址保护的规划方案。我们将继续在国家和省文物局的指导下，不断完善大遗址保护规划设计方案，使规划更具兼容性、前瞻性，通过科学的规划设计保护好埋藏千年的宝贵遗产。

创新大遗址保护的方式方法。我们将按照国家文物局关于大遗址保护要实现"六大转变"的新思路，充分借鉴西安、成都等地在大遗址保护方面的经验，结合洛阳大遗址的特点，采用保护与展示相结合的办法和声光电等高科技手段在保护的前提下展示洛阳大遗址深厚的文化内涵。

更好地发挥社会力量在大遗址保护方面的作用。积极推行政府主导、全民参与、全面统筹的新模式，特别是要有效发挥社会力量在大遗址保护中的作用。

有效放大大遗址保护的综合效益。保护大遗址的最终目的，是让埋藏千年的历史文化遗存服务于经济社会、服务于城市建设、服务于人民生活。我们将紧紧抓住国家实施大遗址保护的重大机遇，树立精品意识，将每一处大遗址保护做成文化精品，让每一处大遗址都成为展示祖国悠久历史文化、提升洛阳城市形象的重要标识。

加强与世界文化的交流合作。文化和文物是没有国界的传承载体，我们要借助这次大遗址保护高峰论坛，搭建文化交流桥梁，学习借鉴国际最高水平的大遗址保护经验，增强与国际、国内文化大市、文物大市之间的交流合作，提高大遗址保护水平。

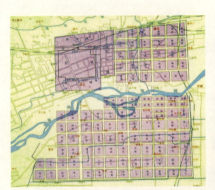
隋唐洛阳城复原图

偃师商城遗址

偃师商城西城墙

　　我们将以本次高峰论坛为契机，全力打造生态和谐、景观优美、文化深厚、特色突出的文化强市和优势突出的经济强市，努力为我国文化事业的大发展大繁荣做出新的更大贡献！

　　衷心感谢各位领导、专家和同志们给予本次论坛的大力支持，真诚地希望大家对洛阳大遗址保护和经济社会发展多提宝贵意见。

　　谢谢大家！

保护南宋皇城遗址
申报世界文化遗产

中共浙江省委常委、杭州市委书记 王国平

尊敬的单局长、各位领导、各位嘉宾：

由国家文物局、河南省人民政府共同主办的"大遗址保护洛阳高峰论坛"，在中国建都最早、朝代最多、时间最长的洛阳召开，具有特殊的意义。首先，请允许我代表中共杭州市委、市人大、市政府、市政协和全市800多万人民，向论坛的召开表示热烈祝贺，向一直以来高度重视、大力支持杭州大遗址保护工作的国家文物局、兄弟省市和专家学者，表示衷心的感谢和崇高的敬意！

下面，我以"保护南宋皇城遗址，申报世界文化遗产"为题，谈谈对杭州南宋皇城大遗址综合保护的一些思考和认识，与大家作一交流。

一、南宋皇城大遗址的重大价值

杭州是国务院首批命名的国家历史文化名城、中国七大古都之一，有8000年文明史、5000年建城史。在杭州8000年的文明演进中，形成了跨湖桥时期、良渚时期、吴越时期、南宋时期四大发展高峰，其中南宋时期是古代杭州城市发展史上的顶峰。南宋建都临安（今杭州）138年（1138－1276年），不仅使杭州成为当时全国的政治、经济、科教、文化中心，而且成为世界第一大都市。

京杭大运河

南宋皇城大遗址坐落在杭州凤凰山东麓，南宋王朝在隋、唐杭州州治和五代吴越王钱镠修建的"子城"（宫城）、"罗城"（都城）基础上扩建而成。皇城选址在山水之间，因山就势、气势浑成，规模宏大、巍峨壮丽，完全可以与北宋汴梁皇城相媲美。南宋灭亡后，由于种种原因，南宋古都遭到了严重破坏，整个皇城渐成废墟，地表建筑荡然无存，宫殿等遗址均深埋地下。

可以说，南宋皇城是中国最美丽的山水花园式皇城，南宋皇城大遗址则是中华灿烂文明的实证，是杭州城市文化景观的核心，是杭州城市可持续发展的资本和动力，蕴含着极高的文物价值、历史价值、艺术价值、科学价值。

（1）历史价值。南宋皇城大遗址文化积淀深厚，叠压了隋、唐、吴越、宋、元等朝代的文化积淀，承载着杭州悠久的历史、灿烂的文化，有南宋太庙遗址、老虎洞宋元窑址、南宋恭圣仁烈皇后宅遗址、德寿宫遗址、三省六部遗址、中山中路南宋御街遗址、南宋临安府府衙遗址、严官巷南宋御街遗址等一大批重要遗址，其中南宋太庙遗址等5大南宋遗址先后被评为"全国十大考古新发现"，具有丰富的历史文化遗存和极高的历史研究价值。

（2）艺术价值。南宋皇城选址在山水之间，从建筑体量上来看不算最大，但其华美、精巧的程度却非其他朝代的皇宫大内可比。它代表了当时最高的建筑设计和园林建设水平，具有极高的艺术价值。

（3）科学价值。南宋皇城是中国古代工程量最为浩大的建筑之一，综合反映了南宋经济、科技的发展水平，是中国古代利用地形组织建筑群的优秀例证，是研究中国古代城市规划建设的重要实物资料，具有极高的科学价值。

跨湖桥独木舟

2001年，以南宋皇城遗址为核心的南宋临安城遗址被国务院确定为全国重点文物保护单位，2006年又被国家列入"十一五"100处重要大遗址名录，这也充分体现了杭州南宋皇城遗址的重大价值。

二、南宋皇城大遗址综合保护的重要意义

实施南宋皇城大遗址综合保护工程、建好南宋皇城大遗址公园、推动南宋皇城大遗址申报世界文化遗产，是历史赋予我们的神圣使命，是杭州人民的热切期盼，具有重要的历史意义和现实意义。

（1）实施南宋皇城大遗址综合保护工程，是延续中华文明的必然要求。据史学界研究，南宋时期无论是文化教育的普及、文学艺术的繁荣、学术思想的活跃、科学技术的进步，还是社会生活的丰富多彩，在中国封建社会中都达到了登峰造极的程度，在中华文明史上留下了辉煌一页，在当时世界上处于领先地位。作为南宋临安人的后人，我们有责任保护好历史赐予的宝贵

良渚古城遗址

财富，延续中华文明，弘扬中华文化，增强民族自豪感和凝聚力，真正做到上无愧于先人，下无愧于子孙后代。

（2）实施南宋皇城大遗址综合保护工程，是实现大遗址社会价值最大化的创新之举。建设遗址公园既是大遗址保护工作的创新，也是对公园这一城市功能元素内涵的拓展，已成为国际通用并日趋成熟的考古遗址保护和利用模式。实施南宋皇城大遗址综合保护工程，建设南宋皇城大遗址公园，将让灿烂的南宋文明与优美怡人的城市公园完美融合，让厚重的文化遗产以轻松愉悦的形式出现，吸引广大市民和中外游客自发地走近南宋皇城大遗址，感知遗址，热爱遗址，使南宋皇城大遗址公园成为传播南宋历史文化的"大课堂"、增强全民文化遗产保护意识的"主阵地"、展示杭州历史文化名城的"金橱窗"，从而实现南宋皇城大遗址社会价值的最大化。

（3）实施南宋皇城大遗址综合保护工程，是打造世界级文化旅游精品的迫切需要。杭州是国家旅游局和世界旅游组织命名的"中国最佳旅游城市"、世界休闲组织命名的"东方休闲之都"。杭州不仅拥有西湖、西溪、京杭大运河等重量级自然人文景观，还拥有像南宋皇城大遗址这样的重量级历史文化资源。南宋皇城大遗址内容十分丰富，文化遗址和出土文物无论是数量上还是品位上在国内首屈一指。实施南宋皇城大遗址综合保护工程，对于传承杭州历史文化、延续杭州城市文脉、进一步提高杭州这座历史文化名城的"含金量"，对于把杭州这一独有的历史文化遗产资源，打造成具有世界影响力的文化旅游精品，具有十分重要的意义。

（4）实施南宋皇城大遗址综合保护工程，是杭州打响"南宋牌"的关键之举。南宋都城临安是一座兼容并蓄、精致和谐的生活城市。今天的杭州之所以能将"生活品质之城"作为自己的城市品牌，就是因为今天杭州城市的产业形态、思想文化、生活习俗、园林建筑、西湖景观等方面都烙下了南宋临安的印迹。今年国庆节前夕，南宋御街·中山路盛大开街、精彩亮相、一炮打响，很大程度上就是得益于打"南宋牌"。与南宋御街·中山路相比，南宋皇城大遗址更是皇冠上的"明珠"，是杭州的"镇城之宝"。实施南宋皇城大遗址综合保护工程，可以让这颗深埋于地下的"明珠"把杭州照得更加熠

良渚国家遗址公园鸟瞰

熠生辉，让这块举世无双的"镇城之宝"为杭州申遗增加重要法码，让"南宋牌"为杭州打造与世界名城相媲美的"生活品质之城"添上一张唯我独有的"王牌"。

三、南宋皇城大遗址综合保护的现实基础

近年来，围绕实施南宋皇城大遗址综合保护工程，我们做了大量基础性工作，全面启动这项工程条件已经成熟。

（1）开展了南宋皇城遗址考古勘探。南宋皇城遗址的四至范围及核心宫殿区布局已基本探明，在此基础上我们组织力量开展了《南宋临安城遗址—皇城遗址保护规划》编制工作。

（2）深化了南宋历史文化研究。我们成立了南宋史研究中心，组织国内外南宋史研究知名专家对南宋进行了全面、深入的研究，编纂出版了《南宋史研究丛书》。

（3）积累了历史文化遗址保护经验。通过实施历史文化街区和历史地段保护、历史建筑和文保单位保护修缮、雷峰塔重建和良渚遗址综合保护等工程，我们积累了不少大遗址保护的经验：从被动的抢救性保护到主动的规划性保护；从补丁式的局部保护到着眼于遗址规模和格局的全面保护；从单纯的本体保护到涵盖遗址背景环境的全方位保护；从画地为牢的封闭式保护到引领参观的开放式保护；从文物的单一保护到推动"城市有机更新"、改善民生的综合保护。

（4）实施了一批重大项目。我们先后实施了清河坊历史文化特色街区建设、南山路艺术休闲特色街区建设、雷峰塔重建、万松书院复建、净慈寺扩建、八卦田遗址保护、南宋官窑博物馆二期建设、吴山景区综合整治、严官巷南宋御街遗址陈列馆建设、中山路综合保护与有机更新、太子湾公园综合整治、浙江美术馆建设、南宋孔庙复建等与南宋皇城大遗址综合保护相关的项目，为实施南宋皇城大遗址综合保护工程奠定了基础。

四、南宋皇城大遗址综合保护的总体要求

实践证明，对历史文化遗产，只能实行积极保护，不能实行消极保护。所谓"积极保护"，就是以保护为目的，以利用为手段，通过适度的利用实现真正的保护，在保护与利用之间找到一个最佳平衡点和最大"公约数"，形成保护与利用的良性循环，实现生态效益、社会效益和经济效益的最大化、最优化。实施南宋皇城大遗址综合保护工程，必须以科学发展观为指导，遵循积极保护理念，建设以遗址本体及周边环境的保护与展示为主，融合教育、科研、游览、休闲等功能，历史积淀深厚、人文景观丰富、自然景观优美、服务设施一流、环境整治卫生、管理科学合理的南宋皇城大遗址公园，展示中国最美丽的山水花园式皇城的遗韵，把南宋皇城大遗址公园打造成展示杭州历史文化名城的"窗口"、中国大遗址保护的典范，打造成世界级旅游产品和世界文化遗产。围绕这一目标要求，必须坚持以下4条原则：

（1）坚持保护第一、生态优先。实施南宋皇城大遗址综合保护工程，必须保护好遗址本体与周边环境，保护好大遗址历史信息的真实性、环境风貌的完整性、生活形态的延续性和人文景观的可识别性；必须坚持生态优先，做到修复文化生态与修复自然生态并重，打造自然环境与人文环境高度和谐、完美融合的历史文化遗产保护的典范。

（2）坚持以人为本、以民为先。南宋皇城大遗址的每一块砖、每一处遗存、每一件文物，都是公共资源，都要让人民群众共享，实现公共资源利用效益的最大化。实施南宋皇城大遗址综合保护工程，必须把帮助原住民扩大就业、增加收入、改善生产生活条件摆在首位，让他们共享保护成果，让他们成为综保工程的最大受益者，实现保护大遗址与提高原住民生活品质的"双赢"。

老虎洞窑址瓷片坑遗迹

（3）坚持科学规划、分步实施。实施南宋皇城大遗址综合保护工程，必须尊重科学、精心谋划，统一部署、群策群力，有打持久战的决心和准备，摒弃任何急功近利的思想，把控制、整治、保护有机结合起来，把着眼长远和立足当前有机结合起来，由点到面、由线到片，系统综合、有序推进。

南宋太庙遗址发掘现场

（4）坚持尊重历史、文化至上。实施南宋皇城大遗址综合保护工程，必须在尊重历史的基础上还原历史；必须突出文化内涵，充分展示南宋在中华文化形成中的巨大推动作用以及在人类文明进步中所扮演的角色，还原一个真实的南宋。

五、南宋皇城大遗址综合保护的主要举措

我们将着力在加强组织领导、完善规划设计、创新体制机制、加强考古勘探、实施项目带动、加强宣传引导上下功夫，整合资源、集中力量，加快启动、有序推进南宋皇城大遗址综合保护工程。

南宋恭圣仁烈皇后宅遗址

（1）加强组织领导。杭州市已建立由国家文物局领导、市四套班子主要领导和国内历史文化遗产保护专家组成的南宋皇城大遗址综合保护工程顾问组，成立了工程领导小组及其办公室，将对南宋皇城大遗址综合保护工程实行统一领导、统一协调。

（2）完善规划设计。我们将坚持规划先行，坚持依法编制、统筹编制、系统编制规划，形成包括概念规划、总体规划、分区规划、详细规划、建筑设计等在内的保护规划体系，充分体现规划的超前性、系统性、操作性和权威性。

（3）创新体制机制。我们将坚持统一领导、统一规划、统一标准、统一运营、分级筹资、分级管理的"四统二分"的保护、建设、管理和营运模式，构建统分结合、协调有序的体制机制，确保南宋皇城大遗址综合保护工程高效有序推进。

（4）加强考古勘探。我们将整合考古、勘探、研究力量，加强国际合作，全面摸清南宋皇城大遗址的"家底"，为南宋皇城大遗址的保护和展示提供充分的科学依据。

（5）实施项目带动。我们将立足于对南宋遗址大遗址实施整体保护，把与南宋皇城大遗址综合保护相关的项目统一纳入南宋皇城大遗址综合保护工程，重点抓好南宋博物院、将台山佛教文化生态公园、江洋畈生态公园、白塔景区、玉皇山南综合整治、凤凰山路综合整治、中山路综合保护与有机更新、南宋官窑博物馆三期、中河综合整治与保护开发等九大项目。

（6）加强宣传引导。我们将切实加强舆论引导，探索建立党政、媒体、市民"三位一体"以民主促民生工作机制，调动好、发挥好社会各界和广大市民的主动性、积极性、创造性，真正做到保护为了人民、保护依靠人民、保护成果由人民共享、保护成效让人民检验。

800多年前，勤劳智慧的南宋临安人创造了辉煌灿烂的南宋文化，打造了世界上"最美丽华贵之天城"。800多年后的今天，我们有决心、有信心、有能力，传承历史、开创未来，当好杭州这座国家历史文化名城的"薪火传人"，把南宋皇城大遗址公园建设成为传世之作、世纪精品，成为世界文化遗产。

最后，祝论坛圆满成功，祝各位领导、各位嘉宾身体健康、事业有成、阖家幸福！

无锡大遗址保护的理念与实践

无锡市人民政府副市长 曹佳中

"文明人跨越地球表面，在他们的足迹所过之处留下一片荒漠。"这话虽然有些夸张，但用它来形容人类遗址的消失，形容某些历史文明业绩的消亡，却是既生动形象又发人深省。由于种种因素的影响，某些弥足珍贵的人类遗址逐渐减少，甚至荡然无存，某些曾经辉煌一时的人类文明也销声匿迹。

人类遗址尤其是大遗址，不仅是一个城市、一个地区，乃至一个国家历史的实物见证，而且往往铭刻着最辉煌、最灿烂、最壮阔的历史文化记忆，也保存了最能代表和反映中华文明成就的历史见证，同时，它还构建起了今天与历史的联系和桥梁，构成了一个城市、一个地区，或一个国家历史文化的厚度和底蕴。这种与文明发展的关联、这种历史的厚重感，使得这些城市或地区有可能通过展示深厚的历史、展示古老文明的成就而形成一种独特的城市性格和品位，形成人们对城市的认同感和城市的凝聚力，有利于满足民众的精神需求，有利于当今城市的文化建设和经济的可持续发展。因此，大遗址保护理应成为我们城市管理者的重要职责和急迫任务。

历史悠久的无锡不仅遗址众多，而且价值突出，如彭祖墩遗址、仙蠡墩遗址、高城墩遗址、鸿山遗址、阖闾城遗址等，其中鸿山遗址、阖闾城遗址分别入选2004年、2008年"全国十大考古新发现"。阖闾城遗址是迄今为止对春秋时期吴国都城的首次确认，它进一步奠定了无锡吴文化发源地的中心地位，也将无锡的建城史从汉代向前推至春秋。

近年来，无锡大遗址保护正在从以文物、遗迹展示为代表的历史文化向着更为科学、更为广阔的生态文化迈进。所谓生态文化是指由构成生态系统的诸内、外在要素及其相互作用所形成的和谐共存的关系，它的本质是和谐。无锡大遗址保护向着更为科学、更为广阔的生态文化迈进，就是要使无锡大遗址与周边的自然环境、社会环境协调一致，与居于其中、身处其中的人和睦相处，浑然一体。真正实现人与自然环境、人与社会环境、人与自身环境和谐共生、健康发展。

目前，我们重点保护和建设鸿山遗址与阖闾城遗址。阖闾都城遗址保护规划将与太湖生态保护规划相对接，使阖闾都城遗址与太湖生态完美融合，自然风光和人文景观遥相辉映。阖闾城都城遗址保护尚在规划编制之中，鸿山大遗址保护建设已经取得了实质性的进展。下面我以鸿山大遗址为例从四个方面谈无锡的大遗址保护工作的情况、进展和构想。

一、无锡大遗址保护的背景与环境

（一）转型：朝着科学发展的方向

无锡正站在新的历史起点上，面临着新一轮发展的重大机遇。我们彻底放下了单纯追求"速度"、"数量"的包袱，全面加快由重点发展向优化发展的转型，无锡经济社会已经开始走上科学发展的轨道，产业、城市、开放、体制、社会、生态六个方面转型的势头已然显现。

城市发展的转型带动了大遗址保护的转型。1977年，由在秘鲁签署的具有宣言性质的《马丘比丘宪章》强调"一切有价值的说明社会和民族特性的文物、遗址必须保护起来，保护恢复和重新使用现有历史遗址和古建筑必须同城市建设过程结合起来，以保证这些文物、遗址继续具有生命力"。现代城市不仅具有功能，更应该拥有文化。文化是城市功能的最高价值，文化也是城市功能的最终价值。城市化进程不应仅仅是一个量的指标，更应该是一个质的飞跃。在由"功能城市"向"文化城市"的转变过程中，我们确立了"七区一体、一体两翼"的城市发展框架，组织实施了两轮"新三年城市建设行动纲要"，启动 "五新城"、"五园区"、"五片区"、"五街区"、"八个博览园"和"两大历史遗址公园"的建设，其核心是让城市充满历史，让历史充满文化，让文化充满活力，让遗址充满和谐，让民众共享和谐。

文化发展转型需要大遗址保护转型。党的十七大向全党全社会发出了"推进文化大发展大繁荣"，"兴起社会主义文化建设新高潮"的号召。要求我们"更加自觉、更加主动地推动文化大发展大繁荣"，"让人民共享文化发展成果"。这些论述充分表明，文化已经从经济社会发展的一种手段、支撑和补充，转变为社会主义建设的重要标志、重要内容和重要动力。要实现文化大发展大繁荣，我们有很多工作要做，保护文化遗产，尤其是保护大遗址就是题中应有之义。大遗址承载着丰富的历史信息和文化内涵，是中国五千多年灿烂文明史的主体和典型代表，不仅具有深厚的科学与文化底蕴，同时也是极具特色的环境景观和旅游资源，在建设社会主义政治文明、物质文明和精神文明，向世界展示悠久的中华传统文化，促进大遗址所在地社会经济文化发展等方面发挥着重要作用。随着时代进步和城市发展步伐的加快，大遗址保护也需要围绕城市文脉这一轴心，不断赋予新的内容，不断注入新的内涵。唯其如此，古老的城市才能焕发出新的时代气息，凸显现代文明，大遗址保护也将在这一过程中促进文化的科学发展，全面发展、和谐发展，成为城市文化的崭新亮点。

大遗址保护本身需要转型。大遗址不但是城市发展的历史见证，而且是城市文明的现实载体。一座古代城市的大遗址是一个规模宏大、布局合理、功能完备的完整的和谐体系，大遗址夜以继日地诉说着城市的历史和文化故事，凝聚着一代又一代居民的思想、智慧、生活气息，积淀着先人在各个历史时期的杰出贡献。它们既是先人活动的遗存，又是今人活动的空间。今天的我们不仅要敬畏它，保护它，更要亲近它，发展它。要使它既成为我们精神洗礼的"圣地"，又成为我们安居乐业的"乐土"、休闲旅游的"绝佳处"。自鸿山遗址发现以来，无锡地方政府迅速调整遗址用地规划，变抢救性发掘为主动性规划保护，遵循科学保护与合理利用相结合的原则，完成了遗址博物馆建设，启动了以都市生态农业园、生态湿地、伯渎河水利整治为主要内容的环境协调区农业生态结构调整工程，逐步形成以鸿山遗址和太伯庙、太伯墓、太伯渎为代表的吴越文化旅游产业。

（二）发展：从"四个觉醒"到"四个自觉"

当今世界正处在一个大发展大变革大调整时期，整个文明形态正在向生态文明转变；中国也正在力争利用后发优势，在新一轮科技革命和文明转型中实现新的跨越，从而实现大国崛起和民族复兴的梦想。在这样的时代背景下，无锡是需要觉醒的。太湖蓝藻爆发的水危机唤起了我们的生态意识觉醒，肆虐全球的金融危机唤起了我们的科技觉醒，无锡尚德公司的巨大成功唤起了我们的人才意识觉醒，外界对无锡建设历史文化名城的怀疑唤起了我们的文化觉醒。

生态意识、科技意识、人才意识、文化意识的进一步觉醒是加快实现产业升级和城市转型的前提，但是，光有意识的觉醒还远远不够，更重要是，要在行动上做到自觉，即生态自觉、科技自觉、人才自觉、文化自觉。从"四个觉醒"到"四个自觉"，不仅是字面的变化，更是内涵的深刻变化，是观念到行动的转化，变被动为主动，变滞后为超前。"四个自觉"是无锡当前及今后一个时期发展中的主要任务，也是决定无锡前途命运的关键抉择。

"文化自觉"需要文化遗产尤其是大遗址保护的自觉。这种文化自觉来自于对历史的敬畏与尊重，来自于对遗址的善待与呵护。同时，这种自觉也必将促进经济社会发展向着更加科学的方向转变。世界上没有无源之水、无本之木，任何一座城市都有自己的生命历程，文化遗产尤其是文化遗址体现着城市独特的思维方式和文化价值。城市发展和演变过程，点点滴滴都记录在每一座城市之中。每一处的文化遗址及其背后大量的文物、文献都承载着丰富的历史、社会和文化信息。更重要的是，在城市中保留下来的遗址、文化遗产使这种记忆更为真实，通过城市风貌、地域风情、市民习俗等，我们可以实实在在地感觉到历史的积淀。所以说，文化遗产尤其是大遗址是不可再生的文化资源，是城市文化景观的核心要素，是城市可持续发展的资本和动力。大遗址保护对建设城市文化，彰显城市特色，保持文化多样性，守望中华民族共有精神家园具有重大意义。如果缺少了对城市文化遗产的潜力发掘和充分发挥，缺少了对城市大遗址有力保护和有效利用，城市的特色就难以体现，城市未来的发展命脉也难以把握，科学发展、以人为本也就成了一句空话。无锡具有悠久的历史和丰富的遗存。

进入新时期以来，无锡的文化遗产保护进入了历史最好时期。我们要进一步加强全市域的历史文化遗产保护工作，全力推进鸿山遗址公园、阖闾城遗址公园建设，使其成为无锡文化遗产保护的标志、国家大遗址保护的典范。

（三）定位：从 "五个名城" 到 "四城建设"

《无锡市十一五规划》指出：无锡要 "努力打造最适宜投资创业的工商名城、最适宜创新创造的设计名城、最适宜生活居住的山水名城、最适宜旅游度假的休闲名城和最富有人文特质的文化名城"。今年8月，温总理来锡视察时，对无锡提出了加快建设生态城、旅游与现代服务城、高科技产业城、宜居城的明确要求。"四城" 涵盖了无锡城市发展的基本内容和方向，涵盖了 "五个名城" 的全部内涵，而且较 "五个名城" 站得更高，看得更远。

"四城" 之中，"宜居之城" 涵义最为复杂，涉及面最广。宜居城市是一个全方位的概念，强调城市在经济、社会、文化、环境等各个方面都能协调发展，人们在此工作、生活和居住都感到满意，并愿意长期继续居住下去。宜居城市必须包含以下要素：经济持续繁荣、社会和谐稳定、文化丰富厚重、生活舒适便捷、景观优美怡人、公共安全度高。

文化丰富厚重，是 "宜居之城" 中不可替代的重要组成部分。一个城市是否宜居、是否具有吸引力、是否具有核心竞争力，最终要看它的文化遗产、文化资源、文化氛围、文化发展水平。侯仁之教授认为："宜居城市应当包括生态环境和历史环境的内容。历史建筑就是体现历史环境的实体之一，在规划过程中，不仅仅是尊重历史建筑本身，同时，要考虑其原来的环境，就是历史环境的保护。"

侯仁之教授所说历史建筑一个重要载体就是大遗址。大遗址是增强一个城市的认同感和凝聚力的主要内容，是激励一个城市不断开拓进取的强大精神力量。过去，高楼大厦曾普遍被认为是现代城市生活的象征，今天，文化遗产尤其是大遗址，则成为城市生活改善的重要标志。德国一份独立调查报告称，德国人重新回到了城市，期望在那里享受更高的生活质量、更好的生活保障及更丰富的文化生活。报告称，其中四分之三的德国人回到城市是因为对城市文化遗产、遗址情有独钟。纵观无锡发展历程中取得的每一次辉煌，其背后最根本的动力就是文化因素。而这些又都根植于城市历史文化遗产之中。优秀的文化遗产的力量总是"润物细无声"地融入经济、政治、社会之中，文化遗产的保护总是需要一砖一瓦的逐步积累和一代一代的不断传承。

二、无锡大遗址保护的困难与挑战

改革开放以来，中国城市迅速发展，城市化进程的速度达到同期世界城市化进程速度的两倍。有关国际城市化研究和发达国家城市化实践都表明，城市化率进入30%至70%之间时将面临"加速发展期"，同时也是"矛盾凸显期"。

（一）大遗址保护与土地城建之间的矛盾日益凸显

城市用地的急剧扩张，使以前处于城市边缘的部分大遗址逐渐纳入城市用地范围。鸿山遗址范围内的土地，原来都属于无锡国家级高新技术开发区用地。无锡新区外商云集，积聚了1500家外资企业，地价已高达几百万一亩。在全国对建设用地进行宏观调控的形势下，这些土地可谓是寸土寸金。另外，早在2003年，无锡新区鸿山镇按区域功能规划要求，招商引资建设国际家具城。无锡市委市政府深入了解了鸿山遗址的有关情况后，以敬畏的态度看待珍贵的文化遗产，认真算好三笔账：第一算好眼前帐与传承帐；第二算好经济账与发展帐；第三算好局部帐和大局帐。无锡市委、市政府统一思想，形成共识，果断地将鸿山遗址7.5平方公里的土地全部用于鸿山遗址公园建设。同时，化"危"为"机"，变劣势为优势。一结合社会主义新农村建设，对鸿山遗址规划范围周边的农业用地进行统一规划和引导，并进行农业结构调整，形成了省级都市农业生态园；二是充分利用鸿山遗址、泰伯墓等历史文化资源，结合拆迁安置工作，规划建设了鸿山文化新市镇。通过配套功能的完善，使鸿山大遗址保护和生态保护、文化旅游、宜人宜居环境建设和社会主义新农村建设有机结合起来，从而具有更为强大的生命力。

（二）大遗址保护与居民生产生活之间的矛盾日益凸显

生活在鸿山遗址区的农民，他们生于斯长于斯，对遗址有着深厚的感情，但是，他们同时也非常希望生活水平可以不断提高，经济条件可以不断改善。在国家的经济政策不断调整和完善时，其他地区经济不断发展、人民生活不断提高的时候，他们守着祖先留下来的珍贵文物大遗址，受文物保护法的限制无法开展多样的经济活动，他们不能办工厂、修路、建房，只能眼看着周边地区的经济不断的超越自己。此外，一般来说，遗址内的生活基础设施落后，环境脏乱，人居环境较差，社会治安也不是很好，甚至导致社会矛盾加剧。于是，很多人就开始对文物大遗址存在的价值产生怀疑，认为经济之所以不能很好的发展，归根结底都是因为文物大遗址的存在。

针对上述情况，市委市政府因地制宜，在大遗址保护规划中，可对不同区域的农民和居民采取不同的措施：如在保护核心区，可把农民变成城市居民，对中青年人员安排就业，其住宅向镇区集中，并提供高于城区的住房条件，享有同城市居民相同的基本保障，对文物保护区实行疏散人口的政策，以减轻对文物本体保护的压力；对留下来的农民实施再就业，引导他们积极参与到大遗址保护利用中去，发展文化休闲等产业；对风貌协调区的居民，结合社会主义新农村建设，对村容村貌进行整治，并进行农业结构调整，向高效农业发展，让留下来的人的收入能得到不断增加，生活得到不断改善。

（三）大遗址保护与紧张财政资金之间的矛盾日益凸显

鸿山遗址的规划、保护和开发工作纳入了全市文化遗产保护的重点工作。2007年，鸿山遗址的规划建设工作投入资金2亿元，主要用于鸿山遗址及各功能区各项规划设计、鸿山遗址博物馆及周边景观的工程建设和展厅布展，以及拆迁安置和道路建设工作。2008年，投入3亿元用于大遗址本体保护规划建设，以及规划范围内的江南梁鸿湿地公园和生态农业展示区的建设。根据测算，将通过5年左右的时间，基本完成鸿山遗址公园的规划建设，预算总投入将超过10亿元。鸿山都市农业生态园设计总面积达7平方公里，建设总投资5.5亿元。我们已在2008年政府投资项目中为湿地公园建设安排了1.4亿元的资金，整个湿地公园建设总投资将达到5亿元。如此大规模的建设，如此巨额的资金，单单依靠中央财政补贴是远远不够的，我们创新了投资营运机制，以地方政府筹集为主中央财政补贴为辅，同时支持和鼓励社会多元力量参与，顺利解决了资金筹集的难题。

三、无锡大遗址保护的理念与实践

鸿山大遗址保护投入大，建设规模大，质量要求高，无锡没有这方面的经验。为了科学规划和建设大遗址，无锡先后组织了多批考察团赴国内外学习大遗址保护先进经验。经过考察并结合实际，无锡在鸿山大遗址保护理念上形成了三点创新认识：一是大遗址保护首先是文物保护，但必须充分发挥历史文化遗产在社会发展中作为独特资源的作用，为社会经济发展和文明进步服务。二是大遗址保护绝不就是建个博物馆和墓葬本体的保护，更多的是要保护遗址的生态文化环境，在文化空间中呈现文物本体所特有的魅力和价值。三是大遗址保护不仅是文物保护项目，还是涉及当地经济、社会、文化、生态发展的系统工程，要体现对经济社会文化发展的推动，有利于改善人居环境和提高生活质量。

鸿山大遗址保护工作确定了"整体、和谐、生态、持续"的创新思路，坚持"以人为本"和"保护为主、抢救第一，合理利用，加强管理"的方针，将大遗址保护与遗址公园博物馆、当地经济社会发展、产业结构调整、新农村建设、富民工程、人居环境改善、生态环境保护等相结合，走出了一条具有无锡特色的大遗址保护之路。

（一）整体：大遗址保护与遗址公园、博物馆建设相结合

大遗址依赖于背景环境而存在；有背景环境的烘托，遗址才能全面彰显历史、艺术和科学价值，才能真正成为城市文明的载体。因此，大遗址保护要十分注重整体性。整体性体现在完整性和真实性两个方面。完整性就是要求将遗址及其周边环境作为一个整体，保护不仅限于其本身，还要保护其背景环境，即不仅要保护大遗址内各类考古遗迹，还要保护遗址范围内我们所能观察到的山川、植被、地形等有形物体。真实性就是要求不得改变大遗址的历史原状，要尽可能保护遗址所拥有的全部历史信息。

鸿山遗址占地7.5平方公里，将保护区划分为保护范围、建设控制地带、环境控制区三个层次，突破以往保护范围整片划地的方法，通过保护范围与一类建设控制地带的配合，满足了遗址本体及其环境保护的安全性、完整性，同时兼顾了生态保护工程与遗址公园建设工程的可操作性。鸿山国家遗址公园以遗址博物馆、各墓葬点、重要景观节点为展示重点，以伯渎港、九曲河、东新桥港及新疏通河道为主要参观流线，以整个建设控制地带为遗址背景环境，由遗址现场展示区、遗址模拟展示区、生态湿地展示区和生态农业展示区组成。通过合理布局组织，使遗址公园在空间上实现"点、线、面"的有机结合，全方位展示遗址与环境，多角度揭示其历史信息。

鸿山遗址博物馆2008年4月落成，总建筑面积9139平方米，其中展厅面积3000平方米，邱承墩原址保护大棚1193平方米，附设临时展厅、公共活动区、行政与库房、设备机房四个辅助区。鸿山遗址博物馆景区充分尊重遗址本体和周边环境，对原有的地形地貌、农田水系、植被等尽量保留，以区别于城市景观的原生态；同时对景区内的民居进

行了改造设计，用作辅助用房，降低建设成本；在博物馆周边挖掘了有利于保护又体现江南水乡特色的护城河。鸿山遗址博物馆展览由鸿山墓群及其出土文物展示、吴地历史文化主题展示及邱承墩贵族墓原址展示三部分组成。墓群及文物展示了战国时期贵族的精致奢华生活以及当时的埋葬习俗、等级制度和礼乐制度，反映了春秋战国时期吴越地区在陶瓷、玉器制作工艺以及音乐艺术等领域的辉煌成就。邱承墩贵族墓原址全面展示了战国时期越国高等级贵族的墓葬形制和规格体系。墓坑两侧辅以发掘前原貌、墓葬结构及出土文物的大型图片，再现了考古发掘的过程。吴地历史文化主题展是国内首个吴地文化主题展览，包括先吴文化和吴文化两大板块，一方面自成一体，独立完整展示吴地历史文化的发展脉络和特色，另一方面为鸿山墓群展示提供全方位的历史人文背景。先吴文化板块展示了从马家浜、崧泽、良渚到马桥文化时期的无锡地区已发现的文化遗址和出土遗物。吴文化板块讲述了商末太伯奔吴、数代吴王励精图治，中原文明与土著文明涤荡碰撞、交汇融合，开创并缔造了绚丽多彩的吴文化。

　　鸿山大遗址产生了震撼人心的文化景观，凸显出其它城市所不具有的文化特色和生态特色，不但为市民提供极为难得的旅社空间和文化休闲环境，还为国内外旅游者提供在世界其他城市难以获得的文化体验。

　　（二）和谐：大遗址保护与新农村建设、农村产业结构调整相结合和谐是大遗址保护的核心。大遗址保护不仅要考虑文化遗址的保护，还要兼顾周边环境及社区居民。大遗址保护与周边环境、社区居民协调统一、和谐共生。

在鸿山遗址的规划和开发过程中，我们因地制宜，大胆创新，巧妙地解决了农村产业结构调整、推进现代农业建设、促进农民持续增收、促进当地经济发展等问题，实现了大遗址保护与环境保护、社会发展、生活改善的和谐共赢。我们依托本地的农业产业特点和优势，着眼于历史文化保护利用和发展农业旅游的结合，城郊农业发展和城市居民生活休闲的结合，发展特色农业和打造品牌农业的结合，再现历史农耕文化和发展现代农业的结合，统一规划实施了农村基础设施建设，包括道路建设、污水管网铺设等，启动了鸿山都市农业生态园的规划建设。

鸿山都市农业生态园设计总面积达7平方公里，建设总投资5.5亿元。形成了千亩葡萄产业园，千亩氧吧森林公园，千亩生态农耕园"三园格局"，以及占地约200亩的鸿山农庄和鸿山农副产品交易中心，形成了较为鲜明的地方特色，收到了良好的经济效益、社会效益和生态效益。尤其是千亩优质葡萄园，年产值达2000多万元，亩均产值超过2万元；部分管理水平高、销售经营好的葡萄种植户，亩均产值超过3万元，有效地实现了结构调整、农业增效、农民增收。鸿山都市农业生态园被江苏省农林厅认定为首批"江苏省省级现代农业示范区"。

此外，鸿山都市农业生态园还突出传统农业文化理念，努力打造农业文化品牌，全力打造四个区：一是建设江南农耕历史文化区，充分展示江南原始农耕文化，并进一步挖掘春秋战国时期的农业历史文化；二是建设现代高效农业区，大力发展现代高效农业和观光农业；三是建设生态有机大米农业示范区，通过高新农业技术，充分展示未来农业发展的优势；四是建设江南梁鸿湿地公园的滨河观光带，充分展示江南水乡特色风貌，使农业和旅游休闲有机结合起来。

（三）生态：大遗址保护与生态环境保护、人居环境改善相结合

生态原指生物之间以及生物与环境之间的相互关系与存在状态，它强调人与自然、人与人、人与社会和谐共生、良性循环、全面发展、持续繁荣。如果说农业文明是"黄

色文明"，工业文明是"黑色文明"，那生态文明就是"绿色文明"。

鸿山镇不仅具有深厚的历史人文底蕴，而且生态环境和历史风貌保持较好。我们充分利用了得天独厚的优势，遵循"以人为本"的理念，结合文化产业和旅游产业，先后启动了1平方公里的江南梁鸿湿地公园和7平方公里的鸿山文化新市镇的规划建设，实施了"生态工程"、"宜人宜居工程"。

以自然生态湿地为核心，融历史悠久的吴文化元素、保持良好的春秋战国历史风貌和自然野趣、充满温情和魅力的水文化和质朴的田园风光为一体，兼具湿地生态资源保护、科学研究、科普展示和科普教育、艺术创意和旅游休闲度假等功能，全面展示本土桥文化、农居文化、水利文化、农耕文化等。整个湿地公园共分为三个功能分区，分别是包括羊湖芦荡等景点在内的湿地生态展示区，包括水西幽巷等景点在内的湿地生态休闲区，包括菱港桑野等景点在内的湿地生态体验区。通过湿地公园的规划建设，最终达到加强湿地及生物多样性保护、维护湿地生态系统的生态特征和基本功能、发挥湿地生态资源的各种功能和效益、保证湿地生态资源的可持续利用的目的。

鸿山文化新市镇将成为"人文之城、生态之城、休闲之城、生活之城、商务之城"，成为江南地区旅游观光的新景点、生态休闲的新亮点和新区发展现代服务业的带动点。

（四）持续：大遗址保护与当地经济社会发展、富民工程相结合

持续性是无锡大遗址保护的又一大原则。鸿山遗址的保护不仅考虑到当前当地的实际情况，而且着眼于整个无锡长远的发展，将遗址保护与当地经济社会发展、地方富民工程结合起来。

鸿山遗址是无锡展示文化特色和内涵、彰显历史底蕴的重要载体，无锡地方政府对其高度重视，把其当作最大的社会文化工程，也视其为文化、生态和旅游产业发展的重点工程，从而将大遗址保护、生态环境保护和农业产业结构升级相结合，将生态保护和环境规划、生物多样性保护、土地利用规划、旅游发展等协调结合，有利于大遗址未来综合效益的充分发挥。鸿山国家遗址公园不仅成为无锡城市的绿肺，还将是独特的城市景观，成为古代历史文化遗存和现代农业、服务业、文化产业交相辉映的展示窗口，大大促进当地经济社会的和谐发展。

鸿山大遗址保护注重与当地群众生产致富相契合，使鸿山遗址的保护利用成为当地农民从事现代农业和现代服务业的致富工程。针对遗址区农民、失业人员及农村妇女等实行就业技能培训和创业培训，提升其社会竞争力和生产经营能力；组织举办专场招聘会等形式，为居民提供丰富的就业渠道；遗址区内居民服务于鸿山国家遗址公园，成为遗址公园内的一员。

四、无锡大遗址保护的体制与机制

（一）创新大遗址保护组织领导机制

鸿山大遗址保护利用工作在中央、省级政府的支持下，采取了市区联动、以区为主的组织领导机制，成立鸿山遗址保护工作领导小组和专门的机构，协调各方面资源进行统筹规划，高效推进大遗址保护利用工作，保障鸿山遗址的可持续科学发展。市委明确一位副书记担任项目联系人，市政府明确一位副市长担任鸿山遗址保护建设领导小组组长，市文化遗产局负责业务指导，市发改委、规划、建设、水利、国土、农业、交通等相关部门参加，解决市级层面协调事宜。新区作为责任主体，明确一名副主任集中精力负责大遗址建设，并建立了吴越文化保护利用办公室，办公室主任兼任鸿山镇党委副书

记，大量的矛盾和问题在一线得到及时有效的解决。实践证明，领导体制的创新，是又好又快建设大遗址保护工程的重要保证。

（二）创新大遗址保护财政保障机制

无锡鸿山遗址保护项目所需资金采取地方筹集为主、中央补贴为辅的方式。目前，中央财政保护鸿山遗址专项经费共为433万，地方筹集经费共为83456万元，主要用于鸿山墓群的建设与保护。

通过积极的探索和实践，鸿山遗址保护利用工作走出了一条政府为主导，社会力量多元参与的路子。一是向世界银行贷款，开展鸿山乡村面源污染治理示范区项目，项目内容主要包括湿地恢复、农村面源污染控制及管理、环保型农业生产技术推广、文化遗产保护等四个方面。二是通过政府进行固定资产建设投资、社会民营企业具体使用经营的方式，积极开展生态农庄等配套设施服务。三是通过政府统筹规划，建设道路等硬件设施，社会个体具体建设并生产经营的方式，筹建了鸿山国家遗址公园生态农业区。

（三）创新大遗址保护发展思路

一是在文化内涵上，大遗址不仅充分凸显历史文化内涵，还积极凸显生态文化内涵。在鸿山遗址建设中，我们糅合当地原生态文化环境，还原江南水乡的桥文化、水文化、农居文化、农耕文化、吴地文化，使遗址公园充满地域文化元素和本土气息。二是博物馆的展览布局上，我们一改遗址博物馆仅是出土文物展示展览的模式，在鸿山遗址设立一址两馆，即丘承墩遗址展示厅、遗址博物馆、吴文化博物馆。三是大遗址功能建设上，呼应城市建设，为当地社会经济发展作出贡献，为当地百姓生活提高作出努力，寻求生态建设、文化建设、农业建设、旅游建设等方面紧密结合。

　　大遗址保护是一项极其复杂的系统工程，在鸿山遗址保护利用工作的征程中必将面临各种艰难险阻，需要我们在今后的实践中不断探索、开拓创新。鸿山遗址属于历史，属于现在，更属于未来，我们将坚持"整体、生态、和谐、持续"的保护理念，一如既往地继续推动鸿山大遗址的保护，积极创建中国大遗址保护的"无锡模式"，通过积极保护、有效展示、合理利用，使得无锡大遗址保护向着更为全面、更为科学、更为和谐的方向发展。

扬州城遗址
整体保护的实践和思考

中共扬州市委书记　王燕文

　　扬州城遗址（隋—宋）是中国唯一一座现代化城市和古代城市遗址大部重叠、整体列为全国重点文物保护单位的古城址。遗址覆盖明清旧城区和北郊、西郊，面积大、范围广，保护和管理的难度大。历届扬州市委、市政府高度重视古遗址的保护工作，十一五以来，在国家文物局、江苏省文物局的有力指导下，在整体保护扬州城遗址整体格局的前提下，我市不断创新遗址保护思路，以发掘展示城门遗址为特色，探索建设宋夹城遗址公园为亮点、整治保护明清旧城区为重点，不断推进扬

南门遗址

州城遗址的保护工作，努力实现遗址保护和城市建设的和谐发展。

一、扬州城遗址的内涵、价值

扬州自春秋吴王夫差公元前486年筑邗城伊始，历经汉、六朝、隋、唐、宋、元、明、清，迄今已有近2500年建城历史。城市历史连绵悠久，各时期城池位置虽有变化，但基本呈现叠加式发展。历代先民在扬州这块土地上创造了多元丰富的扬州文化，也为扬州留下了厚重璀璨的历史文化遗产。1982年，扬州被公布为国务院首批历史文化名城，1996年扬州隋、唐、宋城遗址又被国务院公布为全国重点文物保护单位。

1. 扬州城遗址的基本格局

扬州历代城池四至清晰，水系完整，反映出城市发展的历史脉络。今天无论是从扬州行政区划图还是从卫星遥感图上，都能清晰地看到呈倒品字形的隋江都宫城、东城、罗城；连接蜀冈上下、南北辉映的唐子城、罗城；形似蜂腰、三城一体的宋宝祐城、夹城、大城；东西并置的明清新城和旧城。

2. 扬州城遗址的保存现状

隋代扬州城由江都宫城、东城和罗城组成。江都宫城系利用汉广陵城基础修筑而成，平面近方形，地表以下夯土墙体保存高度达4米，周长5.1公里；东城平面呈不规整多边形，由宫城向东至铁佛寺东侧，周长约4公里。

唐代扬州城由子城和罗城两部分组成。子城为官府衙署区，利用隋江都宫城、东城修筑，平面呈不规整的多边形，局部城垣保存高度约10米。子城四面各开一门，城内设十字大街贯通城门；罗城建在蜀冈之下，为商业、手工业和居民区，唐代中期扩建，平面呈长方形。官河由南向北穿城而过，直达子城东南与浊河交汇。唐代二十四桥中的广济桥、新桥、开明桥、通泗桥等均设在官河之上。

宋代扬州有三座城池，即宋大城、宝祐城、夹城。宋大城即州城，沿袭了五代周小城，平面呈长方形，今西北角地面仍保存夯土城墙。宝祐城筑于宋宝祐年间，利用唐子城的西半部修筑而成，面积约为子城的一半。夹城筑于南宋绍兴年间，位于大城与宝祐城之间。

3. 扬州城遗址的价值

扬州城遗址（隋—宋）规模较大，遗产价值较为突出。专家研究认为：

扬州城遗址所叠加的丰富历史信息和城市发展的空间关系，是中国历史城市中特有的连续、动态发展的真实代表。

扬州城遗址所反映的水系关系，凸显了运河与城市的紧密联系和相互作用，反映了古代先民在城市规划和建设方面所取得的伟大成就。

扬州城遗址代表中华文明处于巅峰时期的历史遗存，具有较高的历史、艺术和科学价值。唐代扬州率先冲破里坊制度的束缚，其文化内涵的丰富性和城市制度的先进性对唐以后中国城市发展产生了巨大的影响。

扬州城遗址属层叠式的城市遗址，尤其是考古揭露的城门遗址，其规划布局，砌筑方式和建筑材料的运用反应了中国地方城市规划建筑的先进水平。宋大城西门是国内已知最早使用拱券城门的实例，北门水门建造技术直接印证了《营造法式》。

二、扬州城遗址的保护情况

扬州城遗址与现代扬州城关系十分密切，范围相当于现代扬州城区的五分之一。由于现代人口生产、生活的影响，城市现代化进程的加快，城市建设、经济发展与遗址保护的矛盾十分突出。在城市现代化发展建设中，我市始终坚持扬州城遗址、明清旧城整体保护的重要战略，保护利用各类遗址遗产，不断塑造、提升和彰

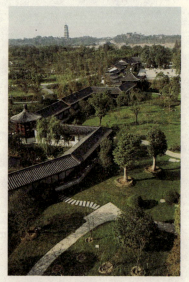

宋夹城遗址公园

宋夹城遗址公园

扬州城遗址

显城市的个性、品位和特色。

1. 发掘展示城门遗址

扬州城地下遗迹埋藏极为丰富，现探明唐子城、罗城16座城门，宋三城12座城门。各城门始建年代不一，规模大小不同，但能因地制宜、巧妙构筑、同中有异。继1995年发掘展示了国内首座券顶式城门——宋大城西门遗址后，十一五以来，我市在城市建设中，投入巨资，又发掘展示了各具特色的唐宋东门遗址、宋大城北门遗址，扬州城南门遗址（唐—清）保护展示工程亦已启动，在考古界、建筑界、史学界产生了重要的影响。

（1）唐宋东门遗址发掘展示。在泰州路改造工程中，发现唐宋东门遗址，经三期考古发掘，揭露主城墙、主城门、瓮城及瓮城城门、壕桥、出入城门的道路等遗迹。2005年拆除遗址南侧新建的两幢五层住宅楼，采取果断措施对遗址实施全面保护。经多次论证、规划，2006年建设了开放式的东门遗址广场，系统地展示了城门遗址的结构形制和多重军事防御体系，并在遗址北侧建成扬州古城门遗址博物馆。2009年8月，结合东关历史街区主入口的整治，保护展示唐宋主门道遗迹，使东门遗址展示更加完整、更具形象。

（2）宋大城北门发掘展示。在漕河路建设中发现了宋大城北门遗址，市政府主要负责同志现场召开规划、建设、文物等部门负责人会议，调整道路线型，研究遗址发掘保护措施。2007年发掘工作全部结束，共揭示出北门遗址主城门、瓮城及水门等重要遗迹。根据保护与展示相结合的原则，2008年建设了北门遗址广场，对北门主城门、瓮城遗迹进行回填保护，利用绿色植被在地面按照瓮城城垣原有尺寸进行轮廓展示，设置标牌予以解读；水门遗址按照原有形制进行部分复原展示。

扬州城遗址

（3）扬州城南门遗址发掘展示。2007年年初，我市投入近亿元，拆除了迭压在南门遗址及其周边地块上部约4万平方米现代建筑物，对遗址实施全面发掘。发掘工作创新思路，遗址周边围以低矮的带雉碟的围墙，方便广大市民观看发掘过程，营造了遗址发掘和文物保护的浓郁氛围。南门遗址包含唐宋元明清各时期扬州城南门遗迹，被考古界、史学界、建筑界喻为"中国古代的城门通史"。遗址遗迹现象十分丰富，保护展示技术难度大。保护方案经多次修改、完善，现已上报国家文物局审批，拟建设一座遗址博物馆进行保护展示。

2. 建设宋夹城遗址公园

宋夹城遗址，位于扬州城遗址的中部偏北，迭压在隋、唐罗城之上，面积约1平方公里。城郊农民庄台的各类生产活动、生活方式，严重威胁城址的安全。为从根本上扭转遗址保护的被动局面，使这一历史馈赠得以永续保存，我们确立了"整体保护、整体展示"的保护思路，经过3年的艰苦努力，基本实现了由原来的农民庄台向大遗址公园的彻底转变，2009年4月18日已初步对外开放，成为市民休闲、游客观光的又一城市亮点。

（1）制定目标，确立遗址保护方向。宋夹城遗址地处城郊结合部，又毗邻瘦西湖景区，在城市现代化的进程中，受到众多利益者的青睐，存亡在一念之间，我们不为眼前利益所动，不为任务繁重所惧。首先，在充分调研景区和大遗址内文化、生态等各类资源的基础上，针对景区发展和大遗址保护所依托的公共资源，确立了以自然生态和历史文化为主线，定位于人文、生态、休闲功能为一体的大遗址公园建设目标。其次，编制遗址保护规划，确定遗址公园建设的总体思路，一是注重遗址保护与合理利用相结合；二是遗址保护与产业配套发展相结合；三是遗址保护与环境提升相结合。

（2）严格控制环境，确保遗址真实性和完整性。根据城址整体布局和环境风貌的保护要求，先后投入近3亿元，搬迁遗址内外庄台农民900余户、中小厂房110家，划定了遗址保护区、遗址保护缓冲区。充分利用宋夹城护城河及其周边的环境，以保留原生态风貌为特色，建设一个相对独立、保持古韵野趣，又融合于瘦西湖景区、散发着扬州历史气息的宋文化展示区和城市开放生态功能区。

（3）坚持保护第一，注重资源合理利用。保留宋夹城遗址独特的生态环境、文化魅力的核心价值，是建设遗址公园的关键。我们因地制宜疏通宋夹城护城河、瘦西湖保障河等水系，开辟了水上游览通道，设置了市民文化广场、环岛生态通道、亲水步行栈道，建设了以植被绿化为主、以低密度园林建筑为辅的景观，努力营造精致悠闲、诗情画意的遗址公园文化氛围。遗址公园建设推进过程中，切实保护历史的真实性，坚持少干预的原则，注重地上遗存保护与地下遗迹保护的一体化，严防建设性破坏。

3. 保护利用明清历史城区

明清旧城区地处扬州城遗址的东南一隅，迭压在唐、宋、元代城市遗址之上。长期以来，古城传统风貌得到严格保护和控制。按照"护其貌、美其颜、扬其韵、铸其魂"的要求，近年来，科学编制控制性规划和修建性详细规划，重点推进历史城区的保护整治工作，把古城保护利用、文化建设发展和旅游开发有机结合起来。

（1）整治"双东"历史文化街区。历史文化街区，保存和保留着众多的历史建筑、传统民居，保持和延续着具有地方特色的传统生活方式。历史街区整治保护，坚持"不大拆大建、不破坏街巷体系、不破坏居住生态、不破坏历史文脉、不破坏建筑风貌"的工作原则，按照规划，分期实施，稳步推进。以"双东"（东关街、东圈门）历史街区为整治试点区域，整理街巷道路，完善基础设施，整饰沿街建筑，修缮保护、合理利用各级各类文物保护单位和历史建筑。与此同时，我们与德国技术公司合作，引进"生态城市规划及管理"理念，以"双东"文化里地块为民居整治试点，按照"保护传统风貌，内部设施配套，周边环境整好"的要求，制订修缮方案，引导居民参与讨论、研究、决策，采取居民修建为主、政府补贴为辅的方式，积极保护传统建筑。"双东"历史街区、"文化里"片示范区的整治保护，使居民的居住条件得到了明显的改善，街区环境得到了明显改观，也为扬州历史城区保护积累了经验。

（2）建设文化博览城。文物古迹的文化内涵，是文物建筑的灵魂和核心价值所在。近年来，我市认真组织相关专家，深入研究文物建筑的历史沿革和文化内涵，分门别类研究主题，突出内容，建成文化景点对外开放，一大批文物古迹得到了合理的利用。扬州市委、市政府正式出台了《扬州文化博览城建设规划纲要（2006～2020年）》和相关的《政策意见》，决定利用我市丰富的历史文化遗产资源，在十五年时间内提升、

扬州城遗址

扩建、新建100个文化博览项目。通过完善、挖掘、恢复、新建等手段，近3年相继建成了崔致远纪念馆、扬州中国佛教文化博物馆、扬州古城门遗址博物馆、扬州钱币博物馆、扬州盆景博物馆、邗沟大王庙、武当行宫道教文化展示馆、广陵琴派史料陈列馆、罗聘故居、胡笔江故居、李长乐故居、逸圃等20余处文化博览场所。

（3）实施名城文化解读工程。为唤起民众对城市悠久历史和灿烂文化的记忆，扬州实施了"历史文化名城解读工程"。对古城区反映扬州历史文化特色的各级各类文保单位、历史建筑、名人故居、百年老店、古井名木、重要街巷等竖立标牌，以简洁准确的文字，诠释其历史史实和文化价值，使扬州的每一处老宅子、每一条老巷子、每一棵老树都拥有自己的"名片"。至2008年底，共计竖立标牌268处，对营造古城历史文化氛围，展示历史文化名城形象发挥了积极的作用。

三、扬州城遗址保护的几点体会

扬州城遗址，是扬州城市历史发展的见证，是扬州城市永恒的财富，也是中华民族历史文明进步的缩影。在城市现代化的进程中，城池城址不是城市发展的包袱，而是城市面向未来的潜在资源和优势，是城市的核心竞争力。我们怀着对历史敬畏、对文化崇敬、对先人感恩、对古城址呵护的心情和热情，坚持城市现代化建设服从于扬州城遗址保护的原则，积极而又审慎地推进扬州城遗址的保护，不断彰显扬州城遗址的文化性、真实性和生态性。扬州荣获联合国"人居环境奖"，瘦西湖及扬州历史城区被列入国家申报世界文化遗产预备名录扬州，主要得益于扬州古城、扬州城遗址得到了较好的保护，得益于文化遗产得到了较好的传承。通过近几年的实践探索，我们进一步坚定了做好扬州城遗址保护的信心和决心。

（1）大遗址保护，必须树立整体保护的理念。扬州城遗址历史跨度长，范围广，与今天城市重迭面积大，保护矛盾多、实施难度大。历届扬州市委、市政府深刻认识到大遗址保护对未来城市发展的重要性，积极探索、推动大遗址保护，从上世纪八十年代初期发布通告保护唐子城遗址，到九十年代"跳出旧城建新城"，到目前阶段"全面保护、全部保护"，虽历经艰辛曲折，但扬州明清古城、扬州城遗址传统风貌、整体格局得以保存、保护下来，为大遗址的永续利用留下了十分宝贵的时间和空间。

（2）大遗址保护，必须着眼于长远，不急功近利。扬州城遗址是重要的文化遗产，保护、利用、传承文化遗产是落实科学发展观的具体实践。在城市现代化的进程中，重视、保护地下城址遗迹，也就留住了城市的文化根脉。我市调整地处城市黄金地段的原有建设项目，发掘展示城门遗址，累计投入巨大，付出了昂贵的经济代价，尽管没有直接的经济回报，但遗址的文化涵和价值得到了充分的展示，极大地提升了城市的文化品质，彰显了城市的独特个性。

（3）大遗址保护，必须注重生态环境的提升。我市在努力推进城市现代化建设的同时，尊重、保护、传承古城的生态与文化的根脉，注重城市发展与城址环境保护提升的和谐"双赢"，有力地提升了城市品质。多年来，扬州搬迁唐罗城东、南护城河沿岸棚户区和企业仓储集聚区，构建城市运河靓丽的风景线；拆迁唐子城和罗城结合部以及宋夹城内农民庄台，进行宋夹城遗址公园建设等一系列的举措，体现、彰显、传承了古城文化特色和"绿杨城郭"风貌，实现了现代风格与历史文脉的呼应和谐，再现"园在城中、城在园中"的独特景观。

（4）大遗址保护，必须发动广大市民参与。人民群众是文化遗产的创造者，也是历史文化遗产的享有者。扬州人民对本地传统文化有着非同一般的认同感，长期以来他们对文化遗产的保护给予了极大的关心、关注和支持。在"双东"文化里示范片区的整治工程中，社区居民喊出了"我们的家园我们建"的口号，群众积极出资修缮历史建筑，政府配套建设基础设施、给予建筑修缮费用补助。在宋夹城遗址保护工程实施以后，政府配套建设了环境优美、设施齐全的住宅小区，村民争相排队申请搬迁，支持遗址保护。本着对历史、对民众、对社会负责的态度，我们在保护名城、保护大遗址的同时，对大批居民妥善安置，让居民从中受益。

扬州是中国少数具有通史式特征的历史文化名城，有着近7000年的文明史和2500年建城史。"十一五"以来，扬州城遗址（隋—宋）保护取得了明显进展，宋夹城遗址公园建设初具雏形，受到国家文物局领导和社会各界的广泛好评。与许多地方相比，我市在大遗址保护工作方面还存在着许多不足；与申报世界文化遗产的要求相比，我市大遗址整治保护的理念还需要进一步提升。今后，在国家文物局领导和指导下，我们将努力把握城市新一轮发展所面临的机遇，积极应对新挑战，以更加开阔的视野、更加开放的胸怀、更加创新的举措和更加扎实的作风，为大遗址保护、永续利用和城市可持续发展，为建设人文、生态、精致、宜居的新扬州倍加努力。

理清思路 破解难题
积极创建北方大遗址公园

辽宁省朝阳市人民政府市长 张铁民

尊敬的单霁翔局长，

尊敬的各位领导、各位专家，同志们、朋友们：

很荣幸在金秋时节来到古都洛阳，参加大遗址保护高峰论坛，并就推进全国大遗址保护事业发言。借此机会，我代表辽宁省朝阳市人民政府向论坛的胜利召开表示热烈祝贺！向多年来对牛河梁大遗址保护工作给予关心、支持的国家文物局和兄弟省市的领导、专家表示衷心的感谢！

朝阳地处辽冀蒙三省区交界处，是沟通辽宁中部城市群、京津唐城市群和内蒙腹地的重要枢纽城市，也是环渤海经济圈的重要一环。朝阳文化底蕴丰厚，是东北地区历史最悠久的城市，迄今发现各类文物遗迹4000余处，占全省的36%。1.45亿年前，这里曾是史前生命的乐园，富集的古生物化石资源使朝阳被誉为"世界上第一只鸟起飞、第一朵花绽开的地方"；5500年前，这里升起了东方文明的曙光，世界瞩目的牛河梁大遗址赋予朝阳"人类文明圣地"的美誉；1700年前，这里曾是东晋十六国时期前燕、后燕、北燕的都城，举世罕见的释迦牟尼舍利和锭光佛舍利就出土于此，朝阳也因此被誉

第二地点东西长150米，南北长50米，为四家一坛。祭坛为浅红色的棱状石筑成的三重圆。一号积石冢共发掘27座墓，其中1号墓是第一座正式发掘的红山文化墓葬；4号墓出土了两枚玉猪龙；21号墓出土20件玉器，是目前发现随葬玉器最多的墓。

积石冢、祭坛

牛河梁国家遗址公园鸟瞰

为"三燕故都"、"东方佛都"。在众多的文化遗存中，牛河梁大遗址如一颗闪亮的明珠，镶嵌在辽西大地上。

牛河梁大遗址位于朝阳境内凌源与建平交界处，保护范围58.95平方公里，是中国北方新石器晚期最重要的大遗址。这里出土的大型祭坛、女神庙、积石冢遗址群和成批成套的玉质礼器证明，五千年前这里曾存在过一个具有国家雏形的原始文明社会，这一重大发现把中华文明史提前了一千多年，对于研究中国上古时代的社会发展史、思想史、宗教史、建筑史、美术史产生了重大影响。原全国考古学会理事长苏秉琦先生指出："红山文化坛、庙、冢三种遗址的发现，代表了我国北方地区史前文化发展的最高水平，从这里我们看到了中华五千年文明的曙光"。

近年来，朝阳地方政府加大了对牛河梁大遗址保护工作力度，特别是党的"十七大"召开后，大力发展文化事业被提升到国家发展的战略高度，牛河梁大遗址保护工作得到了快速推进。但是，保护工作仍面临着很多实际困难，这主要体现在两个方面：一是遗址远离中心城市，保护资金匮乏，保护工作难以依托城市资源。牛河梁遗址地处野外山区，距中心城市较远，显然不具备城市核心区大遗址所拥有的各种优势；朝阳经济增长水平虽然近几年来一直在省内名列前茅，但经济基础相对较弱，经济总量相对偏小，与其他发达地区相比还有很大差距，短时间内，地方政府仍无力拿出大笔资金投入牛河梁大遗址保护。二是保护工作与当地经济和民生发展的关系亟待协调。牛河梁遗址属半山地、半丘陵地貌，地下储藏着大量高品位铁矿石。矿产开发一度成为当地政府的主要财政支撑，成为当地1.2万农村人口的重要经济来源。近几年来，当地政府采取断然措施，使保护范围内各类企业有计划地关停或迁出，当地财政收入受到很大影响，附近农民的年人均收入也从全市平均水平线上滑落到了线下。保护区范围内居住的农民人均耕地不到3亩，仅靠传统农业方式维持生活，根本无法满足基本需求。迫于生活压力，一些农民时常进入保护区，私采乱挖矿石，对遗址环境造成破坏，尽管地方政府采取严厉措施进行遏制，但还没有从根本上解决大遗址保护与地方经济和民生发展的矛盾。

为尽快破解这两大难题，科学合理做好大遗址保护工作，我们积极寻求国家文物局给予指导和支持，省、市政府领导多次专程到北京，请国家文物局领导、专家帮助分析牛河梁大遗址保护工作中存在的现实困难和自身优势，论证建设牛河梁全国大遗址保护示范区的可行性，指导大遗址保护工作的正确方向。省、市政府领导还先后带领考察团，到外地学习大遗址保护和"申遗"成功经验；积极参加国家文物局召开的大遗址保护高峰论坛活动，及时征求国家文物局领导的指导意见，虚心向专家和兄弟省市学习大遗址保护的前沿经验，并结合地区实际情况，逐步理清了牛河梁大遗址保护的工作思路：一是在保护方式上，必须摒弃"死看死守"的旧模式；二是在保护范围上，要从单纯的文物保护向遗址环境生态保护扩展；三是在保护目的上，要体现传承，通过系统的展示方式向公众传递历史信息和文化内涵；四是在保护定位上，要把大遗址保护定位于综合文化工程，体现对经济社会和民生发展的促进作用。在此基础上，我们结合牛河梁遗址的实际情况，确定了强化文物本体和生态环境保护、综合规划建设国家考古遗址公园、申报世界文化遗产三个阶段性目标，并在国家文

牛河梁国家遗址公园启动仪式

物局、辽宁省政府的支持和指导下，采取有效措施，创新保护模式，力求破解难题，做了许多卓有成效的工作：

第一，治理生态，科学规划，有序推进大遗址保护前期工作。政府发挥积极作用，投入1亿元资金，大力实施环境治理工作，关停和搬迁了大遗址保护范围内的所有企业，对一些矿业企业遗留的废弃矿坑进行了全面回填，并组织实施植被恢复和荒山绿化工程，保护区内的环境得到了明显改观。同时，我们委托中国文化遗产研究院、北京大学考古文博学院、清华大学建筑研究院、英国皇家建筑师协会等国内外一流的规划设计单位对遗址公园进行整体长远规划，依据世界文化遗产保护标准对文物本体保护工程进行精心设计，力求最大限度减少对生态环境的干扰，并广泛征求国家文物局和有关专家的意见，确保大遗址保护工作在科学指导下进行。

第二，政府主导，全市行动，加快实施遗址公园建设和"申遗"工作。2008年11月11日，国家文物局和辽宁省政府经过反复调研，决定正式启动牛河梁国家考古遗址公园项目建设和"申遗"工作，牛河梁大遗址保护由此进入了历史新阶段。这项工作得到了省委、省政府的高度重视，被作为全省实施突破辽西北战略的重要内容来抓。朝阳市政府迅速成立以市长为组长的工作机构，分解任务，倒排工期、跟踪督查；同时，召开全市动员大会，要求相关部门为牛河梁国家考古遗址公园项目建设开辟"绿色通道"，确保项目建设顺利进行。目

牛河梁遗址博物馆效果图

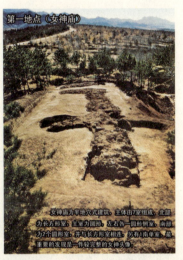

女神庙

前，已全部完成了建筑面积1700平方米的女神庙保护展示工程；建筑面积7200平方米的祭坛和积石冢保护展示工程也已开工建设，今年年底前可完成基础工程的施工，2010年完成全部施工任务。此外，博物馆、水、电、路、桥、围栏等基础设施项目建设、核心保护区居民搬迁安置等工作已全部就绪。

第三，完善法规，加强管理，为遗址保护工作提供有力保障。朝阳市政府制定了《朝阳市牛河梁红山文化遗址保护管理规定》，同时组织相关部门，依据世界文化遗产保护标准，起草了《牛河梁遗址保护条例（草案）》，已列入辽宁省人大立法计划。在管理手段上，我们成立了正县级的牛河梁遗址管理处，下设昼夜值守巡逻队，加强对遗址文物和环境的巡查；公安部门组建了牛河梁遗址保护区治安分局，专门负责打击牛河梁遗址保护范围内各种威胁遗址文物和环境安全的违法行为，使遗址得到了有效保护。继续加大对遗址保护的宣传力度，通过组织召开苏秉琦先生诞辰百年纪念大型活动、编印赠阅《五千年前的文明》大型宣传画册、全年滚动播放电视宣传片等方式，让社会公众走近遗址、了解遗址、关注遗址，极大地提升了全社会对遗址的保护意识。

第四，深度谋划，合理利用，让保护成果回馈保护工作。文化是城市的灵魂，保护文化遗产是提升城市竞争活力的源泉。为确保牛河梁大遗址得到永续保护，我们在做好现阶段保护工作的同时，已开始谋划下一阶段的保护利用工作。一方面，结合大遗址保护工作发展进程，适时改变原有管理体制，比照经济开发区的管理模式，成立具备一定行政职能的牛河梁大遗址保护管理特区，对保护范围内的文物、林业、旅游、治安等大遗址保护相关因素进行统筹管理。目前，我们已开始论证制定职能机构设置方案。另一方面，谋划通过筹集社会资本的方式，在保护范围外规划建设以中华母祖祭拜圣地为主题的系列文化旅游项目；依托当地的花卉、杂粮基地和温泉资源，规划建设生态农业旅游观光区，引导当地农民逐步实现生产生活方式的转型，调动农民自觉参与大遗址保护的积极性，变局部被动保护为综合规划保护，实现大遗址保护与生态保护、农民生产生活和地方社会经济发展的良性循环。目前，我们已将有关项目纳入全市招商项目库，牛河梁大遗址这一响亮品牌必将成为朝阳文化招商的亮丽名片。

各位领导、各位专家，同志们、朋友们，大遗址存在的一个重要现实意义，就是唤起人们对祖先的无限追怀。从这些遗存中，我们可以找到一个民族的生长年轮；从这些痕迹里，我们可以看出人类的前进轨迹。尽管时间会把我们与祖先隔断，但这些遗存会让我们在空间上无限与之接近，听到祖先脉搏跳动、血液流淌的声音，感觉到他们的欢喜、忧愁、悲伤和快乐。让宝贵的文化遗存不至于在自然的风雨中侵蚀消亡、不至于在人类的活动中破坏毁灭，是我们肩负的责任。尽管地处经济欠发达地区，在牛河梁大遗址保护上面临许多困难，但我们一定会把这项工作视为增强市民信心、提高城市文化软实力、推动地方经济发展的一项重要文化工程推进下去。同时，我们将以这次论坛为契机，虚心学习、借鉴兄弟城市的好经验、好做法，让牛河梁大遗址在保护过程中得到更加精心的呵护。让我们共同携手，关爱大遗址保护事业，让大遗址在弘扬中华五千年文明的舞台上闪耀出时代的光辉！

谢谢大家！

发挥文化优势 建设文化强市

中共荆州市委书记　应代明

　　尊敬的单局长、徐光春书记、郭庚茂省长，各位领导、同志们：

　　值此金秋时节，承蒙单霁翔局长的盛情邀请，我非常荣幸地来到古都洛阳，参加国家文物局举办的中国大遗址保护洛阳高峰论坛。我谨代表中共荆州市委、荆州市人民政府，向大会的顺利召开致以热烈的祝贺！向多年来关心、支持荆州文博事业发展的国家文物局及各兄弟省市的领导、专家们表示衷心的感谢！

　　千秋不老唯文化。历史可以冲淡一个王朝的背影，时间可以消弭一个时代的印迹，但文化烙印是永恒的，文化影响是深远的，文化魅力是无穷的。荆州地处中国中部、长江中游、江汉平原腹地，是首批国家历史文化名城，素有"鱼米之乡"、"文化之邦"和"旅游胜地"的美誉。荆州是一块人杰地灵的文化沃土，一代代优秀的荆楚人在几千年的历史长河中，上演了一幕幕激情澎湃的文化大剧；荆州是一座文意盎然的文化之都，每一寸土地都蕴含着丰富的文化因子，每一缕空气都散发出浓郁的文化气息。荆楚文化形成于沃野千里的江汉平原，大小湖泊星罗棋布，鱼米飘香，农耕发达，是光辉璀璨的中华农耕文明的重要发祥地。荆州是楚郢都的故地、楚文化的中心，春秋战国时期，楚国在此建都411年，历20位楚王，是"春秋五霸"、"战国七雄"建功立业的重要历史舞台。正在抢救性发掘的熊家冢楚墓，是我国迄今发现的春秋战国时期规模最大、陵园布局最完整的楚国高级贵族墓葬。工艺精湛的青铜器、雄浑悦耳的编钟、浪漫瑰丽的楚辞离骚、超逸隽永的道家思想等荆风楚韵，繁衍传承，余音绕梁。三国文化在古荆州城尽情展轴演绎，关公文化在荆州滥觞发祥。保存完好的荆州城墙被誉为"中国南方不可多得的完璧"，见证着千百年来荆州历史的激荡风云。为中兴明王朝而呕心沥血的宰相之杰张居正，留下的宰相文化，荡气回肠，可歌可叹。环洪湖地区的湘鄂西革命旧址群——监利周老嘴、洪湖瞿家湾、江陵沙岗红军街等，给荆楚文化增添了现代节奏背景下的红色文化音符。依江伴湖的水文化，给荆州增添了盎然诗意和磅礴壮美。

荆州文化是我们引以自豪的宝藏，文化荆州是我们孜孜以求的目标。昔日的荆州古都为我们留下了丰富的文化遗产，今天的荆州正按照科学发展观的要求，因地制宜，合理规划，努力实现由人文资源大市向文化旅游强市的跨越，继续谱写荆州繁荣发展的新篇章。

一、以加强大遗址保护为核心理念，建立健全文保规划体系

荆州历史悠久，文化灿烂，遗产荟萃，为荆州发展文博事业提供了得天独厚的资源优势。市委、市政府立足荆州实际，提出了"保护文物就是保护荆州优势，保护文物就是保护荆州发展"的基本理念，通过理顺文物行政管理体制机制、颁行与国家文物保护法律法规相配套的地方性规范文件、升格市文物局行政级别、建立市区古墓葬保护网络、将文物保护纳入各级党委政府责任范畴并实行"一票否决制"等环节，逐步建立和完善文化遗产保护体系。

在城市功能分区规划上，立足城区发展的历史与现状，以遗址保护为核心理念，将以荆州古城和楚纪南故城为中心的市区西部规划为历史文化区，与市区中部的金融商贸区、市区东部的工业新区三足鼎立、共同发展。在楚纪南故城大遗址区域所在的以耕地、林地、湖泊为主的农村、农场、林场，确立文化遗存保护、基本农田保护与生态环境保护三条红线，严格限制中心城区向该区域渗透和发展，严格控制各种生产建设项目，使其成为心灵的净地和城市后花园。位于荆州城区北部、涵盖八岭山等大型古墓群的楚纪南故城大遗址分布区域近千平方公里，是楚国全盛时期的政治、经济、军事、文化中心，不仅承载着极为丰富的历史信息和文化内涵，更是中国五千年灿烂文明的杰出代表。荆州市委、市政府客观分析国土空间状况，科学确定主体功能定位，合理配置资源要素，优化区域经济布局、人口分布、资源利用、环境保护和城镇化格局，确立了在大遗址区域实行文物保护与基本农田保护、生态环境保护相结合的原则，结合社会主义新农村建设，分层次推进主体功能区规划工作，引导不同产业相对集聚发展、人口相对集中居住，逐步建立历史文化保护区、重要生态功能区、高产农业示范区，促进各种资源要素空间优化配置，形成各功能区分工合作、优势互补、良性互动、和谐发展的国土开发格局，让广大市民共享大遗址区域协调发展的成果，推动文化荆州和谐发展。

二、以发掘文化资源优势为主要抓手，提升文化软实力

后知识经济时代、后信息经济时代便是文化中心时代。文化产业是21世纪的朝阳产业。我们紧跟时代发展步伐，以发掘文化资源优势为主要抓手，努力提升文化软实力。

我们重视城市文化品牌建设。在中心城区以建设

"人水和谐城市"为载体，以荆州古城墙、护城河、博物馆、关公庙为主要景区，着力打造"清水之城、文化之都"的城市品牌。

我们着力实施文化旅游重点项目工程。在荆州博物馆已经建成为国家4A级旅游景区、国家首批一级博物馆，荆州文保中心成为"出土木漆器保护国家文物局重点科研基地"共建单位的基础上，将古城西隅的三国公园400多亩土地整体划拨给荆州博物馆和荆州文保中心，规划建设荆州文博苑。按照"现场发掘、现场保护、现场建馆"的工作思路，全力推进熊家冢墓地的发掘保护与建馆展示工作，现已取得阶段性成果。整合楚故都纪南城遗址、八岭山楚墓群，建设楚故都纪南城遗址公园，对楚国都城风貌、楚地民风民俗进行场景模拟，对中国楚文化进行集中展示。以创建关公文化之乡和三国文化之乡为载体，加快三国文化和关公文化景点建设，着力建设世界关公文化园。规划建设荆楚文化风情园，以荆州非物质文化遗产演播展示中心、荆楚文化工艺品制作销售中心、荆楚风味餐饮中心、荆风楚韵演艺娱乐中心为基本板块构成，将之打造成集展示、展演、展播、展销等功能于一体的荆楚文化产业园区。

我们加强非物质文化遗产的保护与开发。荆州市的非物质文化遗产项目，已经有《鼓盆歌》、《荆河戏》、《马山民歌》、《说鼓子》和《啰啰咚》等5项被公布为国家级非物质文化遗产，有3项公布为省级非物质文化遗产，另有23项市级项目正待申报。我们计划建设非物质文化遗产演艺展示中心，着力提升荆州民俗文化的辐射力。如重点打造的《呀呵咿嘿》、《渔妈莲妹红军哥》等一批民俗文艺作品获得全国大奖，正在形成影响。

三、以"文化大发展大繁荣战略"为历史机遇，推动荆州经济社会和谐发展

十七大以来，国家部署"文化大发展大繁荣"战略，出台一系列加强文化建设、推动文化发展的政策措施，为拥有丰富文化资源的荆州带来了前所未有的发展机遇。

2007年12月中央批准武汉城市圈为国家资源节约型、环境友好型综合配套改革试验区，武汉城市圈"两型社会"综合配套改革试验区走到了全国新一轮改革开放的前沿。2008年，湖北省委、省政府基于"发展不够是湖北最大的实际"这一基本省情的认识，

慎重提出"在继续推进武汉城市圈'两型社会'综合配套改革试验区建设的同时，加快建设'鄂西生态文化旅游圈'，推进'湖北长江经济带'新一轮开放开发"的区域发展新思路。"一带两圈、双轮驱动"战略的启动实施，标志着湖北发展进入区域协调共进的新阶段。湖北省委、省政府在实施"一带两圈"宏伟战略中，把"文化大发展、大繁荣"作为全省经济社会发展的重要抓手与引擎，将文化旅游建设放在了至关重要的高度。荆州市在全省战略框架之内，不失时机地提出了"把荆州建成鄂西生态文化旅游圈的文化中心"和"把荆州打造成长江经济带上的重要节点城市"的发展思路。紧紧抓住省委、省政府提出的"一带两圈"战略机遇，充分挖掘文化资源优势，加快发展文博事业和文化旅游产业，推动荆州社会经济的进一步发展成为我们当前的工作支点。

我们以建设"古荆州、新荆州、美荆州、大荆州"为蓝图，正在大力推进"农业大市向经济强市、人文资源大市向文化旅游强市"的战略转变，稳步实现"工业荆州走向中部、粮食荆州走向全国、文化荆州走向世界"的战略目标。

同志们、朋友们！荆州是一座古老而美丽的城市，文化底蕴丰厚，文化魅力四射，我真诚地邀请各位贵宾莅临荆州，共同品尝这座文化之都的甘醇与芬芳！

谢谢！

保护与利用并举
努力实现大遗址保护事业的
可持续发展

西安市政协副主席　向　德

尊敬的单局长，

各位领导、各位嘉宾：

今天，大遗址保护高峰论坛在洛阳隆重召开，我代表西安市人民政府向此次论坛的顺利举行表示热烈的祝贺。

自去年首次大遗址保护高峰论坛在西安成功举办以来，我国的大遗址保护事业在社会各界得到了更多的认同和理解，各兄弟城市的保护工作都有进一步的开展。可以说，大遗址作为"城市文化景观的核心要素"和"城市可持续发展的资本和动力"，已经成为我们的基本共识。

今年以来，西安市委、市政府在积极应对金融危机带给城市经济社会发展全新挑战的同时，花大力气认真落实"大遗址保护西安共识"，着力推动大明宫国家遗址公园建设，在规划、拆迁、融资等项工作中取得重大进展，并为遗址公园开园前的相关工作做出重要部署和系统准备。我们坚信：明年国庆节，大明宫国家遗址公园的开放，一定会让"国人震撼、世界惊奇"，为西安城市发展、为我国大遗址保护事业做出新的贡献。

一、解放思想、更新理念，认真落实"大遗址保护西安共识"

"大遗址保护西安共识"公布后，西安市委、市政府高度重视，专门组织相关部门和力量，研究布置落实工作。首先，借助报刊、网络等平台，通过大量的舆论宣传和媒体报道，扭转"大遗址保护与城市发展争夺土地资源"、"大遗址保护限制城市发展空间"、"大遗址保护是财政包袱"等思想误区；同时，依靠西安唐城墙遗址公园、曲江池遗址公园等大遗址保护项目所收到的积极成效，积极引导各级领导干部和社会大众，让各个社会阶层都认识到大遗址保护所具有的文化功能、社会功能、生态功能和经济功能，通过解放思想达到统一思想。今年4月份，西安市委安排我在市委中心组作了题为"解放思想，创新机制，把西安建设成国际一流旅游目的地"的专题讲座，其中就渗透了如何正确认识文化遗产保护和利用的问题。

以解放思想、统一思想为契机，大明宫国家遗址公园的管理建设团队齐心协力、上下一致，主动更新工作理念，在扩大影响、扩大参与上做足文章。2月，大明宫保护办开展了以"万木万世万众心 大树大绿大明宫"为主题的植树月活动；4月，大明宫基金会开展了招募志愿者赴美国参与昭陵六骏中两骏浮雕修复工作的活动；5月，史诗巨片《大明宫》在大明宫遗址现场盛大首映；7月，大明宫基金会面向各国各界人士，公开招募活动参与类和管理类志愿者；9月，史诗巨片《大明宫》在美国纽约联合国总部隆重举行国际首映式，随后美国大都会博物馆馆长托马斯·坎姆拜尔专程来到西安参观大明宫遗址。所有这些活动的顺利开展，极大地提高了大明宫国家遗址公园在国内外的认知度和知名度，也使遗址公园建设全面融入到西安市的发展当中。

陕西省省长袁纯清同志在今年3月调研大明宫国家遗址公园建设时曾指出，要按照"保护历史，彰显人文，创造未来，造福人民"的科学理念，努力把遗址公园建设成经典之作。我们相信，有全市上下和社会各界的思想基础与广泛支持，以及不断更新的工作理

大明宫国家遗址公园效果图

念，"大遗址保护西安共识"正在一步步成为现实，大明宫国家遗址公园也将成为落实"大遗址保护西安共识"的最佳载体。

二、举全市之力建设大明宫国家遗址公园，规划、拆迁、建设等工作取得重大进展

（一）各级领导充分重视，为遗址公园建设开辟"绿色通道"

早在2006年9月，国家"十一五"时期文化发展规划纲要中，就明确提出建设大明宫遗址保护展示示范园区；同年，国家文物局与财政部联合印发《"十一五"期间大遗址保护总体规划》，将大明宫遗址保护工程列为首批重点工程。

2007年，西安市成立大明宫遗址保护改造领导小组，省委常委、市委书记孙清云、市长陈宝根亲任组长，统筹负责大明宫遗址区保护改造项目的组织领导和决策协调。在充分整合全市优势资源的基础上，委托我国首个国家级文化产业示范区——西安曲江新区全面实施大明宫遗址区保护改造工程。

此后，大明宫遗址保护改造项目全面迅速展开，在

大明宫遗址区及周边环境卫星云图

省市政府、有关部门和各级领导的积极关注、大力支持下，取得了阶段性胜利。

（二）立法先行、规划先导，凝聚全球智慧设计遗址区蓝图

为做好古迹遗址的保护工作，西安市政府曾先后颁布《四大遗址保护条例》，《西安历史文化名城保护条例》等地方法规；并编制了《西安历史文化名城保护规划》、《大明宫遗址保护总体规划》；划定了文物保护单位"紫线"，将保护纳入法律法规的范畴。

大明宫项目开展后，针对"丝绸之路"申遗的要求，我们一方面投入力量到新时期大明宫遗址区立法研究上，另一方面集聚全球智慧，面向全球征集遗址区总体规划和遗址公园概念设计方案。先后有以色列、英国、新加坡等多个国家的设计团队报名参与，确保了规划设计的国际水准。在借鉴吸收概念设计成果的基础上，我们聘请罗哲文、张锦秋等多位知名专家组成专家小组，由 ICOMOS司库乔拉·索拉牵头组成工作小组，全面制订遗址公园总体规划。

2008年2月，西安市政府常务会议审议通过大明宫遗址区19.16平方公里城市规划设计方案；8月，大明宫国家遗址公园总体规划一次性通过国家文物局专家组评审。

（三）拆迁安置工作顺利平稳，创下旧城改造空前纪录

拆迁安置工作在整个遗址公园项目中占有很重的份量。在市委市政府的领导下，在市级各部门和所在区政府的支持配合下，按照"妥善安置、阳光操作、保障安全、和谐稳定"的工作思路，通过"政府主导，企业介入"新模式，拆迁工作稳步推进，最终形成"企业收益、群众受益、政府受益"多赢局面。

截止目前，大明宫遗址3.2平方公里内拆除面积350万平方米，相当于2007年西安市商品房建成面积的一半，涉及89家企事业单位，拆迁户25000余户，近10万人，一系列安置社区同期动工，这在全国的城市建设史上也是少见的。

（四）高起点、高标准，丹凤门、御道、宫墙三大工程陆续开工

自今年5月起，丹凤门、御道、宫墙等一系列重大工程相继盛大启动，标志着全面建设新高潮的来临，大明宫国家遗址公园全面转入建设阶段。截止目前，丹凤门建筑钢结

构完成主体安装，预计年底主体施工全部完成，届时再现唐代恢弘气势的丹凤门，将成为大明宫国家遗址公园的第一道风景线；御道、宫墙、太液池、景观绿化及太华南路拓宽等各项工程进度稳定。我们有信心，举全市之力，在明年国庆，一个可以与纽约中央公园相媲美的国家遗址公园全面建成并对外开放，城市价值进入兑现期，将西安"道北"这一代表落后、穷困的名词彻底写入史册。

三、大明宫国家遗址公园建设中的突出问题与解决思路

（一）关于文化定位问题

大明宫，是"中国宫殿建筑的巅峰之作"。历史上，大明宫对中国古代以及日、韩等东亚国家的宫殿建筑都产生过重要影响；大明宫遗址的整体格局和重要殿基目前都保存完整，所以在中国乃至世界的古迹遗址当中也享有独特地位。正因如此，大明宫国家遗址公园的文化定位至关重要，是整个保护工程的灵魂和核心。

大明宫国家遗址公园是世界文化符号系统中的重要节点。中华文明在7~9世纪的大唐帝国，达到了当时人类文明的最高水平。作为大唐帝国的政治中枢，大明宫蕴含着极其丰富的历史信息，应该作为全人类共同的文化遗产，被珍视、被保护、被弘扬。

大明宫国家遗址公园是中华民族繁荣昌盛的共同记忆。周、秦、汉、唐是中国历史上最为繁荣的四个朝代，其中又以唐代最盛。唐的对外开放、唐的文化多

丹凤门展示效果图

元、唐的政治开明、唐的疆域广阔、唐的诗歌灿烂、唐的社会文明，可以说都是中国历史上的最高峰。因此，把大明宫国家遗址公园作为中华民族繁荣昌盛的共同记忆，绝对是不二选择。

　　大明宫国家遗址公园是中华民族文化复兴的突出标志。当前，世界和中国的发展都进入了新时期，能够代表国家文化繁荣的所谓"标志"，已经不在其外在的高度、新颖性或投资规模上，而是正在转移到其文化内涵当中。在这个意义上，正因为大明宫是中华民族灿烂文化的记忆之灯，所以举起它，就会照亮整个华人世界和中国古代的文明史。

　　大明宫国家遗址公园是古代宫殿遗址与现代城市公园的结合典范。大明宫国家遗址公园的首要功能，是保护遗址、展示其人文和历史内涵，并运用建筑、景观、艺术等手段来烘托出历史上唐文化的宏大和气度。其次，它还是一个融遗址保护与展示、旅游、城市中央公园于一体的现代城市公园。在未来，遗址公园还要承担起可持续考古、城市绿肺、游客目的地、居民休闲去处以及公共文化中心等多重职能。

（二）关于遗址展示的手段和方法

目前，我们正在考虑的几种展示形式包括：第一，格局及结构展示，对已经发掘完毕和研究清楚的遗迹，在其上采用展示结构及规模的方式进行展示；第二，遗址揭露展示，在发掘完毕的遗迹之上盖保护房，让发掘现场直接暴露给观众，让人们有真实、直接的感觉；第三，台基复原展示，对地下遗址已发掘完毕和研究清楚、地上结构尚无定论的遗迹，采用台基复原展示的方法，即将原址掩埋，抬高1米后，重新恢复该台基，台阶、础柱，均按原状重建；第四，柱墙模拟展示，在发掘完毕的遗址上，抬高后在其上用新材料仿建高1米的立柱、墙壁，来模拟展示原建筑群的规模；第五，模型复原展示，在揭露展示的遗址保护房内，用缩小的模型来表现对应建筑的布局和规模，一目了然。

（三）关于处理好遗址展示与遗址考古的关系问题

这方面，国际上已有经验可以作为参考。在意大利的庞贝古城，当地的大、中学生们可以亲自参与考古活动。在英国的沃威克古城堡，游客们可以充分体验英国中世纪的各种设施以及历史事件，而在迈尔斯通博物馆，设计者们在一座现代建筑里将英国维多利亚街道进行了重建。在美国洛杉矶的奇芬考古探索中心，游客们通过历史文物、重建的古代环境、多媒体展示以及教育游戏等互动活动，可以充分学习并了解当今世界是如何形成的。此外，还有社区考古、公众考古等形式，既能让当地居民亲身经历考古发掘过程，也能让游客们体验发现古代物品的兴奋感。事实上，大明宫遗址的保护与展示并不对立，只要把遗址本体及其保护也作为遗址展示的内容或公众可参与的活动来看待，它们之间的关系将是融洽而和谐的。

四、关于大遗址保护的若干建议

（一）加强大遗址保护的制度创新

首先我仍然要呼吁的是要加强大遗址保护立法。针对大遗址保护问题的复杂性和特殊性，国家应该制定《大遗址保护管理条例》，将大遗址保护纳入有法可依、有章可循的轨道。

其次，由于大遗址保护涉及人口调控、征地、移民、拆迁、环境整治、土地利用调整、经济结构调整等复杂问题，国家应该出台配套政策来协调和处理这些问题。国家文物局单局长一直在为设立大遗址保护特区鼓与呼，西安、洛阳和部分兄弟城市的领导也

汉长安城桂宫二号遗址

实施保护前的含元殿遗址

在不同场合递提案，提呼吁，我们要继续在这些方面做好基础工作，寻求在国家层面上的激励政策。

（二）要更加注重大遗址文化特色的保护

多年的实践启示我们，大遗址保护的指导思想和基本原则在不断丰富，我们对大遗址与经济社会和文化发展的关系、大遗址的价值和保护状况如何评估等现实问题的认识也在不断深化。

去年以来，西安市通过全市范围内的城市景观提升工程，在重塑城市特色和城市形象上获得广泛的好评。这也启示我们，城市的发展有其自身的肌理，顺之则胜，逆之则败。大遗址因其不同历史和不同空间上的原因而具有各自不同的特色，所以遗址保护的方式也要注意防止"拷贝"和雷同的倾向，该沧桑的要沧桑，该辉煌的要辉煌，该渺小的要渺小，该伟大的要伟大。要在深化对遗址文化内涵的理解和把握上下功夫，努力实现遗址保护的可持续发展。

（三）加强大遗址保护的理论研究和技术研究

大遗址的保护离不开科学的理论指导和技术支撑，理论研究包括大遗址与经济社会和文化发展的关系、大遗址的价值评估体系、保护状况评估体系、保护规划的指导思想和基本原则等。技术研究包括保护措施、保护技术和方法、工程管理、保护规划技术标准或指标体系、保护工艺和材料等。为了加强我国大遗址的保护，必须大力开展对大遗址保护的理论研究和技术研究，为大遗址保护提供理论和技术支撑。

实施保护后的含元殿遗址

　　各位同仁，从注重使用功能到关注精神追求，是城市文化发展的必然逻辑。我们有幸从事大遗址保护工作是我们在座的每一位同行的人生荣耀。我相信，在党和政府以及社会各界的支持下，全体文物保护工作者和建设者必将在各自的岗位上取得更大的成绩。

　　预祝本次大遗址保护高峰论坛取得圆满成功！

　　谢谢大家！

认真搞好金沙大遗址保护与利用
积极引领成都城市新发展

成都市人民政府副市长　王忠林

在国家文物局的关心支持下，成都市委、市政府在城市建设和经济快速发展的同时，高度重视大遗址的保护与利用工作，尤其是近几年来在对金沙遗址的保护与利用方面进行了积极的探索和实践，取得了明显成效。金沙文化的保护和利用成果，不仅极大地丰富了成都历史文化名城的文化内涵，而且为城市的发展注入了新的更大的活力，有效提升了成都市的知名度和美誉度，有效推动了城市的经济和社会文化的发展。现将成都市在金沙遗址保护与利用方面的实践和体会向大会作简要汇报。

一、政府主导，实现对金沙遗址的有效保护

金沙遗址是中国进入21世纪后的重大考古发现，经过考证，确认它是古蜀王国商代末期至西周时期，即公元前12世纪至公元前10世纪的都城遗址，其时期是国家级历史文化名城—成都市城市的开端。它的发现，不仅把成都市的建城史向前推进了1000年，达到距今3300多年，而且确定了成都在那时就是西南文明中心的地位。成都市委、市政府高度重视金沙遗址的保护工作，时任市长现任四川省委常委、成都市委书记李春城同志和现任市委副书记、市长葛红林同志多次亲自主持会议进行专题研究，并数次邀请全国文物考古界知名专家、学者来蓉进行考察和论证，以战略的眼光和保护世界文化遗产的高度调整城市规划，划定遗址核心区域、重点区域和一般保护区域，为金沙遗址的科学保护奠定了基础。与许多分布在远郊或农村的大型遗址不同，金沙遗址位于成都市内人口密集的城市区域，若不坚决有力和及时有效地采取措施，必将严重影响金沙遗址的保护。为此，成都市政府及时建立健全了政府主导、各方配合的遗址保护格局，组织编制《金沙遗址保护总体规划》，将城区内456亩、地价10多亿元的原规划为开发用地及时调整为文物保护用地。同时，对约5平方公里的金沙大遗址范围内的建设提出了刚性的文物保护要求。按照《金沙遗址保护总体规划》，市政府对456亩原属多家企业产权的土地进行置换和回购，确保了金沙遗址保护范围和金沙遗址博物馆建设用地需要；对金沙遗址片区原有建设总体规划进行了全面调整，将原规划为中高层住宅区的金沙片区调整为低层住宅区，对金沙遗址保护范围周边建设项目的风格、体量、高度都作出了严格限制；同时，市政府投入近亿元资金对长达十余公里的摸底河进行了全面整治；完成了金沙遗址保护范围周边道路、桥梁、地下管网等配套设施建设，遗址所在地的成都市青羊区政府和金牛区政府对已建成街道、住宅进行整治。对于金沙遗址保护范围以外地点发现的其

金沙遗址博物馆

金沙遗址出土文物

他重要遗存，如黄忠社区和"金沙朗寓"项目用地发现的大型金沙房屋建筑基址，市政府责成有关部门对土地进行了置换或回购，建成永久性绿地，对遗存实施有效保护。

二、创新理念，加快金沙遗址博物馆建设

为加快金沙遗址保护和利用工作，市委、市政府把尽快建成金沙遗址博物馆作为搞好金沙遗址保护和利用的重要举措，支持和帮助主管部门及时筹建了文化文博设施建设开发公司—成都市兴文投资有限公司，负责金沙遗址博物馆建设和对金沙文化的宣传营销，形成了强有力的工作抓手。公司一成立就从科学规划入手，按照文物法规定在较短时间内就组织编制和实施保护规划方案、博物馆建设方案、陈列展览方案和环境综合整治方案等，并面向全世界进行公开招标，由于有新的工作

机制高效运作理念，金沙遗址博物馆的建设方案得到了国家文物局等国家部委和有关专家的充分肯定，财政部、国家文物局下拨1850万元资金支持该馆的建设，成都市政府为此预算安排了3.98亿元专项建设资金。经过不到三年的努力，就建成了一座造型新颖、设施先进、理念超前的国际知名、国内一流的现代化博物馆，并于2007年4月16日正式开馆，创造了中国博物馆建设速度的新纪录。建成后的金沙遗址博物馆分为：遗迹馆（即发掘现场保护及展示大棚）、文物陈列馆、文物库房、文物保护研究中心。其中遗迹馆采用发掘现场大跨度钢结构建筑设计，建筑最大跨度超过120米，将金沙遗址已探明的祭祀遗迹分布集中区全部覆盖，有效地改善了祭祀遗迹发掘区的保存环境。金沙遗址博物馆文物陈列馆建筑造型独特，地下空间利用充分，公共活动面积适宜，建筑与遗址环境的高度协调，确保了博物馆项目的整体效果。由此，金沙博物馆建筑和陈列展览先后获

金沙遗址鸟瞰

得了全国建筑协会"优秀奖"和国家文物局2007～2008年度"十大陈列展览精品奖"。该馆开馆两年以来，已先后接待国内外游客265万人，党和国家领导人贾庆林、刘云山、刘延东、陈至立也先后到金沙博物馆进行参观。赢得了各级领导、中外专家和广大观众的一致好评。

三、发挥优势，探索金沙文化促进城市发展的新途径

成都市委、市政府高度重视金沙大遗址的保护和利用，不仅仅在于建设金沙遗址博物馆本身，而是在保护、发掘和利用金沙文化的各个方面所采取的一系列有效措施，产生了强烈的社会反响：经过认真积极申请，2005年8月16日金沙遗址出土的"太阳神鸟"金箔图案被国家文物局确定为中国文化遗产标志；2005年10月17日，金沙太阳神鸟蜀绣制品搭乘神舟六号飞船遨游太空；在国家文物局的大力支持下，2005年12月18日，金沙太阳神鸟永久性纪念雕塑在金沙遗址博物馆揭幕；2006年6月中国第一个遗产日，中央电视台在金沙遗址成功进行了4个小时现场发掘的直播和宣传，2007年6月第二个遗产日中央电视台再次在金沙遗址进行了现场直播。值得一提的是，在金沙遗址博物馆没有建成之前，市委、市政府就组织相关市级单位，以金沙文化为背景，投资近千万元，创作了大型音乐剧《金沙》，并在国内外和成都进行了上千场的巡演和驻场演出，观众达数10万人，从而使金沙文化的知名度空前提高。我们还

郫县古城遗址大型建筑基址　　　邛窑遗址

利用金沙文化这一主题，在金沙遗址博物馆举办"金沙太阳节"等大型系列活动，张扬金沙魅力。通过以上措施，既有效扩大了金沙主题文化影响，又有力带动了城市周边区域经济发展。现在，金沙遗址周边的地产价值提升十倍以上，临近街道的餐饮、旅游产品的开发已成气候，青羊、金牛两个区域内的文化产业发展影响和推动了整个城市经济的发展。同时，金沙遗址博物馆不但取得了良好的社会和经济效益，而且在影响和促进整个城市文化产业和经济社会发展方面发挥了积极引领的作用。

四、着眼未来，深入做好大遗址保护工作

虽然我市在金沙大遗址的保护工作中取得了一定的成效，但由于地震、世界金融危机给成都大遗址保护工作也带来了一定的影响和困难。但我们有决心在国家文物局的继续大力支持下，继续努力做好我市各项大遗址保护工作。一是切实加强金沙遗址大范围的保护。依托专业考古队伍，继续开展对金沙大遗址的发掘、研究和保护工作。对成都旧城区和金沙片区配合基建开展的考古工作，我们将持续下去，我们相信随着工作的不断开展，一定会取得新的考古成果，从而为金沙大遗址的保护增添新的内容。二是认真抓好邛窑大遗址保护与利用工作。尽快修改完善邛窑遗址总体保护规划，经国家文物局审查批准后认真组织实施。努力将邛窑遗址的本体保护及相关设施的加固方案与周边环境整治结合起来，争取尽快全面实施，力争在规定的时间内使这个西南地区迄今发现的

规模最大、延续时间最长的瓷窑大遗址的保护利用工作实现新的突破。三是积极探索成都平原史前城址群的保护。我们将尽早启动对农村和城郊的大遗址保护工作，积极申报成都平原史前城址群纳入国家大遗址保护项目。成都是国家批准的统筹城乡发展综合改革试验区，我们将选择城乡结合区域重要遗存进行大遗址保护工作的试点，努力实现突破性进展。

在今后较长时间内仍将是我国城市的迅速扩张期，这一时期也将是中国大遗址保护的关键期，成都市与全国各地一样，对大遗址的保护与利用工作任重道远。保护永远是发展的前提，我们将认真贯彻"洛阳共识"的精神，继续深入细致地做好大遗址保护工作，为促进大遗址保护与城市建设的和谐发展，进一步实现成都市"历史文化和现代文明交相辉映"的目标做出不懈的努力！

保护广州历史文化名城的精华
——西汉南越国遗迹的保护与利用

广州市人民政府副市长　徐志彪

各位领导、各位专家、朋友们：

大家好！

首先要感谢国家文物局的邀请，使我们有机会代表广州来到古都洛阳参加这次大遗址保护高峰论坛。在此，受广州市张广宁市长委托，我向在座各位汇报近年来广州为保护南越国遗迹所做的一些工作。

南越国宫署遗址和南越王墓、南越国木构水闸遗址是目前广州发现最重要的三个南越国时期遗迹。南越王国是秦统一岭南以后岭南地区第一个地方政权。南越国宫署遗址已被列入全国"十一五"大遗址保护重点规划项目，南越王墓和南越国木构水闸遗址自发现以来亦倍受国内外专家学者的关注。

一、南越国遗迹保护25年回顾

广州是全国首批历史文化名城，已有2200多年的建城历史，文物资源丰富。自1953年起，文物考古工作者配合城市基本建设工程开展考古调查发掘工作，拉开了广州地下文化遗产保护的序幕，至今已五十多年，大致可分为两个阶段：前一阶段从1953年至1970年代末，主要是在城区近郊抢救发掘各时期古墓葬；第二阶段从1980年代至今，除了继续在城区近郊清理发掘古墓葬外，对配合城区内各项建设工程开展各时期古遗址的发掘与保护成为我市城市考古的重点。

广州西汉南越国的三个重要遗迹都是在城市建设工程中发现，并经科学发掘及时得到保护。

南越王墓于1983年发现，是西汉南越国第二代王赵眜的陵墓。这是岭南地区发现规模最大、出土文物最丰富、年代最早的一座彩画石室墓。发掘后市政府即考虑对墓葬原址原状保护，依托其主体建立博物馆，营造亮点。经过十年的努力，1993年博物馆全面落成，墓葬原址及出土文物向公众全面展示。1999年，这座新型的古墓遗址博物馆被评为"二十世纪世界建筑精品"。2008年，西汉南越王博物馆被评为国家一级博物馆。

2000年发现并发掘的南越国木构水闸遗址距南越国宫署遗址约500米，位于一个大型商业楼盘当中。这是珠江北岸南越国时期都城（时称番禺）南城墙的一处大型的防洪、排水设施，是迄今世界上发现年代早、规模大、保存最完整的一处木构水闸遗存。发掘结束后，通过多方协商，遵循文物保护与城市建设互利双赢的原则，将商业大厦内遗址处改作中庭，遗址原地原状保护，并在周边配套出土文物陈列，向公众免费开放。

木构水闸模型

1995年发现的南越国宫署遗址位于广州老城区中心。十多年来，南越国宫署遗址不断有新的重要考古发现。其中南越国御苑大型石构水池、御苑曲流石渠的发掘分别被评为1995、1997年度全国十大考古新发现。此外还有南越国木简、南汉宫殿基址等重要遗存。南越国宫署遗址从现地表往下5～6米，层层叠压着近现代、清、明、元、宋、五代、唐、隋、六朝、两汉、南越国和秦造船遗址等13个历史朝代的27层文化堆积，保存着各时期重要的遗迹遗物，表明这里2200多年来一直是广州的城市中心。

二、认识—实践—再认识，不断深化对南越国宫署遗址等重要遗迹的保护

南越国宫署遗址等三大南越国遗迹是广州地区历史考古最重要的发现，是广州城市2000年历史发展的见证。一直以来，广州市委、市政府对于在城市现代化过程中如何做好重要文化遗产的保护工作进行不断的探索，在实践中不断深化对南越国遗迹重要价值和重要意义的认识。

首先，紧密结合广州的实际，正确处理城市建设与文化遗产保护的关系。所谓广州的实际，主要包括两个方面：一是历史实际，广州老城区是2200多年来广州城市的中心，更是 2000年前的南越国和1000年前的五代南汉国两个岭南地方政权的都城所在，这是关注的重点；二是广州作为改革开放的前沿地，在建设现代化国际大都市的历程中，经济迅速发展，老城功能不断更新，文物保护必须突出重点，贯彻"两利"方针。我们一直从这两个实际出发，把南越国遗迹纳入广州历史文化名城保护体系，纳入广州城市发展总体规划来实施保护。

其次，坚持依法保护，严格执法。1982年《中华人民共和国文物保护法》公布实施，南越国遗迹的保护有了国家大法的强有力支持。1994年，广东省人大常委会批准《广州市文物保护管理规定》颁布施行，成为广州文化遗产保护工作的又一有力保障。南越国宫苑大型石构水池与曲流石渠发现之初，广州市人民政府立即发布《关于保护南越国宫署遗址的通告》，划定宫署遗址4.8万平方米的核心保护区域，保证了遗址的完整性。2008年，《广州市南越国遗迹保护规定》正式公布实施。

再次，坚持保护第一的原则，采取形式多样的保护模式。城市建设与文物保护有时会

宫殿区

曲流石渠

中山四路

北京路

南越国宫署遗址

产生矛盾，只要双方本着"两利"的原则，厘正其轻重
关系，问题是可以合理解决的。

　　南越王墓深埋于象岗腹心深处，不为人知，建设单
位用了三年时间把山岗削低17米，清出5000平方米的建
筑用地，准备在此建造3幢宿舍楼房，但秘藏二千年的
南越王陵就在此被发现了。古墓必须保护，而宿舍楼也
要兴建，怎么办？经过协调，广州市政府解决其建设用
地，易址建设，古墓得到原地原状保护。

　　南越国水闸遗址位于闹市的一个大型楼盘当中，
2000年发现后，经过专家多次现场考察和论证，认为该
遗址具有重要的历史价值和水利工程科研价值，须进行
原址保护。在建的大厦是否要停建？如征用，市政府要

向建设单位作出巨额补偿。文物部门根据遗址南北两头没有重要遗迹发现的实际情况，本着"两利"的原则，与建设单位协商出一个局部保护的方案，即把遗址位置处改作大厦的中庭。市政府支持这个方案，将该地块原定的商住性质改为纯商业性质，既保障了建设单位的利益，遗址也得到原址保护。

南越国宫署遗址的发掘保护持续至今已有15年。最初是在建设综合楼的过程中发现了一个约4000平方米的石构水池遗址，在国家文物局的大力支持下，市政府将大楼停建，并将遗址回填保护。接着，与石构水池近邻的广州市文化局，引进外资，计划兴建48层的信德文化广场，同时拟在1975年发现的秦造船遗址上建秦造船遗址博物馆。在工程施工前的考古发掘中，发现了保存相当完整的曲流石渠遗迹，与石构水池一起成为南越王宫御苑的重要部分，被专家们认定为"广州历史文化名城的精华所在"，这是广州历史文化遗产的重中之重，必须原址保护。市政府决定停建文化广场，并给予外商1.9亿元的巨额补偿。之后又巨资搬迁其西边紧邻的儿童公园，在该范围内进行了大面积发掘，发现了南越王宫1、2号宫殿、宫墙及南汉国大型宫殿等重要遗迹，基本摸清了其核心保护区域内的遗存埋藏情况，并得到有效保护。

通过以上三种不同的保护方式，既切实保护了考古遗存，又达到了展示利用的效果。

三、以科学规划为指引，将南越国宫署遗址的保护落到实处

南越国宫署遗址在广州南越国遗迹中面积最大，遗存状况最复杂，保护难度也最高。主要问题一是遗址位于城市中心，容易受到污染影响；二是南方气候温湿多雨，不利于文物的保护；三是遗址内容丰富，有13个朝代共27层文化堆积，且材质多样，有不同的保护要求。为更好的对这一重要遗址进行保护、管理和利用，以迎亚运为契机，经过多方论证，我市做出了在保护规划的指引下，在原址建设遗址博物馆的决定，并在市政府成立了领导小组，我任组长，市文化局具体负责。考虑到该遗址的重要性和复杂性，以及时间紧、工作程序较复杂等情况，在省文化厅的支持下，我市就该遗址的保护和博物馆的建设问题专程向国家文物局作了汇报，国家文物局给予了充分的理解和支持，要求我市切实重视和做好遗址的保护和展示工作。单霁翔局长高度重视，亲临广州

给予指导，我市认真执行国家文物局意见，逐一落实相关保护展示和博物馆建设的各项工作。

一是制定保护规划、保护展示方案和博物馆建筑设计方案。我市确定了"统一规划、总体设计、分期实施、逐步完善"的基本原则，以遗址为中心，建筑设计服从和服务于遗址保护，凸现遗址的核心价值，并注意控制其周边环境。为达到这一目的，我市在已有的《南越国遗迹保护规划》基础上，委托中国建筑设计研究院建筑历史研究所编制了《广州南越国宫署遗址保护规划》，以将南越国宫署遗址的保护纳入城市总体规划。通过规划，将原划定的4.8万平方米的核心保护区，扩展到42万平方米的保护控制范围，使南越国宫署遗址与北京路、中山路骑楼街、千年古道遗址、城隍庙及周边其他建筑的环境协调并交相辉映。在此基础上，为将遗址的保护真正落到实处，我们又与中国文化遗产研究院合作，制定了遗址的保护展示方案，以真实性、完整性、可逆性为原则，采取相对最为安全可靠的方法进行保护。为将南越国宫署遗址博物馆建设成为广州的精品工程，我市还组织了博物馆建筑设计方案国际竞赛，邀请全国文物保护、建筑、结构等方面的权威专家进行评审，选取优胜方案。市政府还明确提出，要按文物保护的要求和专家意见，博采众长，对优胜方案进行深化和完善。

二是加强沟通与协调。在制定保护规划、保护展示设计方案及博物馆建设方案的过程中，我市在时间紧、任务重的情况下，始终坚持将文物保护放在首位，严格

南越王墓现状外观

按有关文物保护的规定和要求办事，不为追赶进度而缺漏任何环节和违反任何规定。为此，我市积极与省文化厅和国家文物局沟通、协调，将有关情况及时上报，国家文物局在第一时间召开了专家论证会，并很快予以指导和批复。目前，上述规划和方案都已按有关规定分别获得国家文物局和省人民政府批准同意。

同时，该遗址的保护和建设工程涉及到文物、规划、建设、消防等政府职能部门和投资、设计、施工等方面，又要在有限的时间内同步开展保护、建设和展示工作，在推进过程中遇到了各种问题，产生了各种矛盾，市政府都及时进行协调和解决，保证了工程的顺利推进。

三是在专家的指导下积极落实保护展示和建设工作。由于南越国宫署遗址位于广州的中心城区，周边很难征用可供建设的地块，博物馆只能在遗址上修建，而该区域内遗存极其丰富，这就面临着以下几个亟需解决的问题：一是馆址选在何处，二是怎样才能使遗址得到到有效保护和合理展示，三是如何确保遗址不受施工破坏。为解决这些问题，我们紧紧依靠专家力量，聘请中国工程院院士、建筑、结构专家及资深文物考古专家作顾问，并邀请文物考古、建筑、规划、结构等各方面专家组成专家组具体落实，对保护规划、保护方案、展示方案、建筑设计方案、施工方案等各个环节实时跟进、层层把关和指导。

在建筑设计方面，确定了浅基础、可逆性的原则，将博物馆主体建筑溜边布置，找出合理位置下桩，并尽量采取小桩柱，以尽可能减少对遗址的损害。在遗址本体保护展示方面，选取可观性强、易保护的遗迹，如南越国曲渠石流、南汉国2号宫殿基址及部分水井遗址、宋代建筑基址等进行露明展示，而对可观性、保护条件较差的遗迹则采取覆填保护，并辅以原址模拟展示和博

西汉南越国木构水闸遗址

物馆内展示等不同的形式。同时，由于南方雨水多、水位高，而遗址因原址保护无法彻底隔绝水源，在专家和文物工作者的努力下，经与建设单位协调，达成共识，采用不伤害或最少伤害遗址的方式，妥善解决止水问题，确保文物安全。在施工保护方面，由于整个工程直接在遗址上进行，我们按保护方案的要求，又耗时4个多月，采用多种防护手段，逐层加固回填保护，再移交给施工单位进行施工。

目前，南越国宫署遗址的保护工作仍很艰巨，我们正按保护规划的要求，在专家组的指导下，各相关部门共同努力，积极推进南越国宫署遗址的保护和博物馆建设工作，预计到明年11月将全面完工并向社会开放。

南越国遗迹是广州的宝贵历史财富，也是全人类的文化遗产。南越国遗迹发现后，我们在对其实施有效保护的基础上，通过原址展示、加强对外交流与合作、利用新闻媒介进行宣传报道、开展申报世界文化遗产工作等方式进行广泛宣传，提升其社会知名度和影响力，充分发挥这些文化遗产的社会效益。

诚如国家文物局单霁翔局长所言，文化遗产资源的积累和保护是文明发展的基础，是最重要的社会资源之一，为经济建设和社会发展提供强大的精神动力、不竭的智力支持和丰富的经济生长资源，是实现全面协调可持续发展的重要保证。南越国遗迹作为广州的重要历史文化景观，已经为提升广州的历史文化形象发挥了重要作用。下一步，我们还将继续努力，充分利用好南越国遗迹这一宝贵遗产，在广州举办2010年亚运会、建设国家中心城市的过程中发挥更重要的作用，让南越国遗迹成为广州最响亮的一张历史文化名片！

一直以来，广州南越国遗迹的保护得到国家文物局、省文化厅各位领导及专家的高度重视和大力指导，也得到国内外同行的广泛关注和鼎力支持，在此，我代表广州市委、市政府和全体广州人民表示衷心感谢！

我们也深知，与在座各兄弟城市相比，我们的工作还有许多不足，存在不小的差距。在此，我们恳请在座各位领导、专家继续对广州文化遗产的保护给予大力支持，传授宝贵经验。

谢谢各位！

科学谋划 积极探索
努力走出一条具有安阳特色的
大遗址保护之路

中共安阳市委书记　张广智

　　尊敬的单霁翔局长，尊敬的各位领导，各位来宾：

　　能够受国家文物局单局长邀请，来到洛阳参加全国大遗址保护高峰论坛，聆听各位领导、各位专家关于大遗址保护的精彩演讲，我感到十分荣幸，同时也深受鼓舞、深受教育、深受启迪。这对于我们进一步做好安阳市大遗址保护工作，走出一条保护与利用相协调的发展新路，具有十分重要的指导意义和借鉴作用。借此机会，我代表中共安阳市委、安阳市人民政府，向大会的胜利召开，表示热烈的祝贺！向长期以来给予安阳文博事业关心、支持的国家文物局和各位领导、各位专家，表示衷心的感谢！下面，我把安阳市的基本情况和大遗址保护工作，向各位领导和专家作一简要汇报。

　　一、安阳市的基本情况

　　安阳市位于河南省最北端，地处晋、冀、豫三省交汇处，是中原经济协作区13个城市的几何中心，素有"豫北咽喉、三省通衢"之称。现辖一市四县四区和一个省级高新技术产业开发区，总面积7413平方公里，总人口542万。安阳历史悠久，文化灿烂，是中国八大古都之一、国家级历史文化名城、全国优秀旅游城市，

遗址展示区分布图

是甲骨文的故乡、周易的发源地、红旗渠精神的发祥地，是世界文化遗产——殷墟和全国惟一的国字号文字博物馆——中国文字博物馆所在地。走进安阳，就如同走进一条浩瀚如烟的历史长廊，走进一幅风光旖旎的天然画卷，走进一座博大厚重的文化宝库。毛泽东同志曾亲口称赞"安阳是个好地方"，郭沫若同志在此留下了"洹水安阳名不虚，三千年前是帝都；中华文化殷始创，观此胜过读古书"的著名诗句。

近年来，安阳市在党中央、国务院和省委、省政府的正确领导下，深入贯彻落实科学发展观，紧紧围绕建设豫北区域性中心强市的奋斗目标，扭住工业、抓好农业、加快发展第三产业，着力强化产业支撑、城建支撑、交通运输支撑和软实力支撑，倾力打造新能源谷，大力实施山水安阳、文化安阳、历史安阳"三阳开泰"的文化旅游发展战略，经济社会实现了又好又快发展。2008年，全市生产总值突破1000亿元大关，规模以上工业增加值突破500亿元。今年前三季度，全市生产总值增长9.9%，规模以上工业增加值增长10.2%，取得了战危机、保增长的阶段性胜利。特别是在不久前河南省评定的2008年全省百强企业中，安阳市占了15家，总数居河南省第1位。目前，一个集历史与文化、典雅与时尚、魅力与生机的现代化城市，正以蓬勃昂扬姿态展现在世人面前。

二、安阳市大遗址的基本概况

悠久的历史为安阳留下了丰富的遗存。目前，安阳共有国家和省、市级文物保护单位454处，其中，有76处为遗址类文物保护单位，时空跨度从旧石器时代一直延续到近代。如被史学界命名为"小南海文化"的二万五千年前的原始人洞穴遗址，包括了仰韶、龙山、殷商三层文化叠压的后冈遗址，被学者称为包含了中华五千年文明的渔洋村遗址等等。其中，安阳殷墟遗址与三杨庄遗址因其具有重要价值被列入《国家"十一五"大遗址保护总体规划》，名列全国百个大遗址之中。

殷墟位于安阳市区西北，是闻名中外的商代后期都城遗址，面积约36平方公里。在这个范围内，分布着宫

小南海洞穴遗址

殷宗庙、王陵、手工作坊、祭祀坑、甲骨窖穴以及洹北商城等不同类型的遗址。我国目前已知最早的成系统的文字——甲骨文，世界上最大的青铜器——司母戊鼎均在这里出土问世。1961年，殷墟被国务院公布为第一批全国重点文物保护单位。2006年7月，殷墟被联合国教科文组织列入《世界遗产名录》，成为全国第33处世界遗产。

三杨庄汉代遗址位于安阳东南的内黄县，是一处因黄河泛滥被整体淹没的汉代遗迹，面积约10.5平方公里，目前已发现14处汉代建筑遗址。通过对其中的4处进行发掘，清理出屋舍瓦顶、墙体、水井、厕所、池塘、树木、道路，以及2000平方米的田垄、清晰的牛蹄和车辙印迹等，出土了一批反映汉代生产、生活状况的农民家庭所使用的器物。这些发现为研究汉代基层社会结构、中下层民众生产和生活状况、汉代农耕文明、黄河河道变迁等众多学术课题，提供了珍贵的实物资料。2005年，三杨庄遗址以其独特的考古研究地位、极大的考古艺术价值、丰富的历史文化内涵、惟一完整的汉代遗存珍贵资料，被国家文物局等部门评为"全国十大考古新发现"，2006年被国务院公布为第六批全国重点文物保护单位。

安阳殷墟遗址与三杨庄遗址有一个共同特点，就是价值高，具有全国惟一性。殷墟遗址作为中国考古发掘次数最多、持续时间最长、发掘面积最大的一个古代都城遗址，殷墟的文化价值和影响远远超出了出土器物数量带给人们的震撼。殷墟培养造就了一大批世界知名的考古学家，被赞誉为"中国现代考古学的摇篮"。殷墟甲骨文蕴含丰富的历史文化信息，是中国最早的、成体系的文字，是汉文字的源头所在。殷墟青铜器、玉器等是古代科技与艺术的完美结合，是不可多得的艺术珍品。三杨庄遗址是我国惟一一处保存完整、内涵丰富、价值重大、影响深远的大型汉代农耕聚落遗址，再现了汉代农村的真实景象，填补了我国考古学研究的空白，特别是其中首次发现的汉代农田实物，为研究汉代农耕文明提供了第一手资料，具有考古学、历史学、建筑学和农学等多学科重要的研究价值，被誉为中国的"庞贝古城"。

三、安阳市大遗址保护的主要做法

大遗址是社会发展的真实见证，是一个地方历史底蕴、文化根基和民族传统积淀的生动体现，是人类共同的宝贵财富。保护好、利用好这些大遗址，是我们肩负的重大责任和光荣使命。近年来，安阳市委、市政府始终坚持以科学发展观为指导，贯彻"保护为主、抢救第一、合理利用、加强管理"的十六字方针，结合安阳文物工作实际，以殷墟和三杨庄两大遗址的保护与开发利用为重点，科学谋划，积极探索，走出了一条具有安阳特色的大遗址保护之路。

（一）高度重视，健全机构，形成了有效管理新机制。多年来，党和国家领导人、国家文物局、省委省政府主要领导同志，都高度重视和大力支持安阳大遗址保护工作。中共中央政治局常委李长春同志亲临殷墟视察，对殷墟保护特别是申报世界遗产工作给予充分肯定和科学指导。国家文物局局长单霁翔，副局长张柏、童明康，省委书记徐光春、省长郭庚茂等领导同志多次视察殷墟、三杨庄等遗址，提出了一系列具体指导意见。各级领导对安阳大遗址保护工作的高度重视，进一步激发了我们做好大遗址保护工作的决心和信心，为我们充分保护好利用好这些遗存提供了动力，指明了方向。为把国家和省各位领导的重要指示精神落到实处，保护好这些大遗址，安阳市委、市政府把大遗址保护与开发利用列入经济社会发展规划和重要议事日程，定期召开会议进行研究部署，并建立健全了领导机构和管理机构，实现了对大遗址的有效管理。如在殷墟遗址保护工作中，我们成立了安阳市殷墟世界文化遗产保护和管理委员会、安阳市文物管理局、殷墟管理处、安阳市文物考古研究所、安阳市文物稽查大队等机构，会同中国社会科学院考古研究所安阳工作站，对殷墟遗址进行考古发掘、保护和管理。在三杨庄遗址保护工作中，以内黄县文物旅游局、文物保护管理所为主导，专门成立了三杨庄汉代遗址保护管理小组，聘用专职文物保护员10人，负责遗址的保护管理工作；在省文物局的大力支持下，三杨庄遗址的考古发掘单位——河南省文物考古研究所在三杨庄成立了考古工作站，将考古发掘与研究工作制度化、日常化。同时，为增强基层防护力量，我们还要求大遗址所在的县（区）、乡镇成立了文物保护领导小组，遗址所在的各个自然村建立了文物保护小组，形成了群防群治的文物保护网络。

（二）科学规划，完善制度，开启了有序保护新篇章。我们结合安阳大遗址分布情况，及时编制保护规划，并把大遗址的保护与利用纳入城市发展总体规划，为实现大遗址科学保护与可持续发展勾画蓝图。2003年6月，《安阳殷墟保护总体规划》经国家文物局批准后，由河南省人民政府核准公布；2007年9月，我市编制了《殷墟大遗址保护与发展总体思路》，并委托陕西省古代建筑设计研究院、西北大学，帮助我们进行殷墟保护总体规划和详细规划的修编工作，经过两年多的努力，初稿已经编制完成，并于今年9月通过了河南省文物局的论证，近期将报国家文物局审批。同时，为做好三杨庄遗址的保护工作，我们结合实际，委托中国建筑设计研究院编制《三杨庄遗址保护总体规划》，目前初稿也已完成，今年年底将呈报国家文物局审批。

在做好规划编制的同时，我们还建立完善了一系列制度规范。2001年9月，安阳市在原有《安阳市殷墟保护管理办法》的基础上，编制了《河南省安阳殷墟保护管理条例》，并经第九届河南省人大常委员会第24次会议通过，开启了依法保护殷墟的新篇章。以此为基础，我们还相继出台了《安阳市关于进一步加强文物保护管理工作的通知》、《安阳市关于殷墟保护区内违章建筑的处理通告》、《关于进一步加强殷墟遗址保护和管理工作的意见》等一系列文件，实现了对大遗址的有序保护。

（三）积极宣传，营造氛围，构建了全民参与新格局。大遗址保护工作涉及面广，需要社会的广泛认同

遗迹

和积极参与。为此，我市开展了多种形式的宣传活动，营造了保护大遗址的浓厚氛围。一是深入开展"爱我安阳，爱我殷墟"系列宣传活动，动员全市人民积极为保护殷墟遗址献计献策，通过多种形式参与和支持遗址保护工作。二是把每年的7月13日（殷墟申报世界遗产成功之日）命名为"安阳文化遗产日"，当日免费开放全市文物景区景点，并在安阳电视台和各景区播放专题宣传片，在《安阳日报》开设宣传专栏，激发全市人民参与遗址保护的积极性、主动性。三是发行了《世界遗产——殷墟》邮票纪念册，举办了《文明圣火——从雅典到殷墟》邮票首发式，出版了专题书籍《中国的世界遗产——

殷墟》（中英文版）。尤其是在2008年10月底，我市与中国社会科学院考古研究所等单位联合，举办了纪念世界文化遗产殷墟考古发掘80周年暨考古与文化遗产论坛，国内外200多位专家齐集安阳，共商殷墟保护研究大计，成为近年来殷墟研究与保护领域规模最大的一次国际学术活动。以上各项措施，凝聚了民心，鼓舞了士气，为我市大遗址保护工作顺利开展奠定了坚实的群众基础。

（四）积极探索，合理开发，开创了和谐发展新局面。文化遗产保护的根本目的有两个：一是要将其完好的保存下来传承后人；二是要实现这一宝贵资源在当代的全民共享。为实现大遗址的综合保护与合理开发，安阳市委、市政府站在贯彻落实科学发展观的高度，结合国家扩大内需政策，适时做出了建设殷墟国家大遗址公园的战略决策。殷墟国家大遗址公园规划总面积约60平方公里，是以殷墟大遗址为主体，以殷商历史文化资源为依托，以殷墟文化遗产保护和殷商文化展示为核心，以绿色生态旅游为基础，打造集文物保护、遗址展示、考古研究、文化休闲、旅游观光和环境人居于一体的国内一流的考古遗址公园。今年8月份，我市专门邀请张忠培、黄景略等9位著名考古与文化遗产专家，就殷墟大遗址的保护和利用工作征求意见，得到了各位专家的积极响应和悉心指导。目前，殷墟国家大遗址公园项目已投入资金1.3亿元，建设绿地面积82.35万平方米，项目建设初具雏形，建成区将分期对外开放。我们依托安阳丰富的自然资源和历史遗存，实施的"三阳开泰"旅游发展战略已初见成效。今年以来，我市旅游市场出现了"山水游"、"文化游"、"历史游"的旅游热潮，来安游客突破1000万人次，来安旅游的外籍客人突破2万人次。总之，我们通过大遗址保护与合理开发，提升了城市文化品位，深化了城市特色，丰富了城市功能，改善了人居环境，提高了人们的收入水平，实现了和谐发展。

这次全国大遗址保护高峰论坛的成功举办，为我们深入开展大遗址保护工作提供了良好的交流平台和科学的理论支撑。我们将以这次大遗址保护高峰论坛为契机，进一步加强与上级文物管理部门的沟通协调，充分吸取各位专家、学者好的意见和建议，积极借鉴兄弟城市在大遗址保护方面好的做法和经验，认真研究解决安阳大遗址保护面临的重大课题，奋力实现大遗址保护与城市发展的有机结合，为我国的文化遗产保护事业做出新的更大的贡献！

各位领导、各位专家、各位朋友，安阳的远古遗址折射着人类文明的起源，丰富的人文景观承载着厚重的历史，优美的自然风光让人流连忘返，雄伟的现代建筑彰显着改革开放的巨变。在此，我代表542万安阳人民，盛情邀请大家到安阳观光考察、指导工作，也欢迎大家拨冗参加11月下旬在安阳举办的中国文字博物馆开馆仪式。我相信，有党中央、国务院和省委、省政府的正确领导，有各位领导、各位专家、各位朋友的大力支持与帮助，有542万勤劳智慧的安阳人民奋发进取，安阳大遗址保护与利用工作一定能取得更大的成绩，安阳的文化珍宝一定会放射出更加瑰丽的光彩！

祝大遗址保护高峰论坛圆满成功！

谢谢大家！

科学保护 合理利用
努力实现城市建设与大遗址
保护和谐共生

郑州市人民政府市长　赵建才

尊敬的单霁翔局长，各位领导、各位专家，同志们、朋友们：

很荣幸参加大遗址保护高峰论坛，并就共同推进我国大遗址保护事业谈一些意见。

文化遗产是人类了解自身发展的重要线索和物证，是我们今天可以触摸的记忆、可以交流的历史，是人类社会可持续发展的文化基础和巨大财富。保护文化遗产、保持民族文化的传承，是连结民族情感、增进民族团结和维护国家统一及社会稳定的重要文化基础，也是维护世界文化多样性和创造性、促进人类共同发展的前提。作为古代文明结晶和历史文化见证的大遗址，特别是位于城市核心区的大遗址，因其自身所独有的规模宏大、价值巨大、影响深远等特点，成为城市文化景观的核心要素，是城市可持续发展的资本和动力。

不容否认的是，经济社会的快速发展和工业化、城市化进程的不断加快，给我国的文化遗产保护带来了前所未有的冲击与挑战，大量的文化遗产在城乡建设尤其是旧城改造中迅速消失，破坏历史文化整体格局和风

巩义宋陵

貌、损毁文物建筑和历史街区的现象时有发生，城市文化特色消亡逐年加快。所以，正确处理城市化进程与大遗址保护的关系，切实做好大遗址尤其是城市核心区大遗址的保护工作就显得尤为紧迫和重要。2005年，国务院《关于加强文化遗产保护的通知》中强调："地方各级人民政府和有关部门要从对国家和历史负责的高度，从维护国家文化安全的高度，充分认识保护文化遗产的重要性，进一步增强责任感和紧迫感，切实做好文化遗产保护工作。"因此，适应社会主义市场经济发展的要求，建设科学有效的文化遗产管理体制机制，强化政府管理文化遗产职能，调动全社会支持和参与保护文化遗产的积极性，这是新时期各级政府应当承担的重要职责。

众所周知，郑州的文化遗产是中华文明史上最璀璨的明珠之一。在中华文明发轫、形成和发展过程中，郑州一直处于政治、经济、文化活动的核心地区，留下了许多重要遗存。目前，郑州各类文物古迹达7000余处，其中国家级重点文物保护单位38处43项，省级重点文物保护单位128处，市级文物保护单位269处。国家确立的"十一五"期间重点保护的100处大遗址中，郑州占了5处，包括郑州商城遗址、新密古城寨遗址、巩义宋陵、巩义窑址和新郑郑韩故城，是拥有大遗址数量最多的地区之一。随着近年新发现的新密新砦、登封王城岗大城、大师姑二里头文化城址的进一步发掘和研究，随着与商城遗址相关联的早商王陵、甲骨坑、车马坑的进一步探索，郑州的文化遗产资源将更加丰厚，其重要地位愈来愈为人们所认识。

在郑州市为数众多的大遗址中，有多处分布于城市的核心区，以其独特的历史风貌和丰富的文化底蕴，

中岳庙

成为城市延续的记忆，承载着城市的灵魂。郑州商城遗址以其近3平方公里的内城规模和25平方公里的总面积，分布于郑州市的核心区域，其挺拔的城墙及两侧规划建设的绿化带，成为广大市民抚摸历史、追古思今、休闲娱乐之地。巩义宋陵以30余平方公里的占地规模，分布于巩义市郊，高耸的封土和威武的神道，成为巩义市的一道独特风景。郑韩故城位于新郑市区，城垣周长19公里、面积16平方公里，是世界上同期保存最完整的古城垣，它的巍然矗立，使新郑市一举成为闻名遐迩的天下名都。

丰富的大遗址资源是祖先留给我们的宝贵财富，它们不仅仅属于郑州，更属于整个中华民族，属于全人类。保护好这份特殊的遗产是历史赋予我们的神圣使命。近年来，在国家、省文物局等有关文物部门的指导和支持下，我们坚持以科学发展观为指导，科学保护、合理利用，在大遗址保护方面取得了初步成效。

一是统一思想，高度重视，增强了做好大遗址保护工作的责任感和紧迫感。近年来，根据科学发展观的要求，我们重新审视大遗址保护工作，进一步统一了认识，理清了新的发展思路。工作中，注重处理好保护为主与合理开发的关系，分期分批、有重点地开发文化产业品牌。注重处理好社会效益和经济效益的关系，把开发重点放在挖掘内涵、提升品位上，把文化优势转化为产业优势，实现文化遗产资源社会效益和经济效益的有机统一。注重处理好大遗址保护与城市发展的关系，将大遗址保护纳入城市发展之中，做到相辅相成，协调发展。正是由于认识的统一和思路的转变，使我们切实增强了做好大遗址保护工作的责任感和紧迫感，树立了干好这项工作的信心和决心。

二是加大投入力度，健全组织机构，促进大遗址保护体系的建立。近年来，先后投入数十亿元用于郑州商城遗址保护及环境整治、巩义宋陵安全防护及嵩山历史建筑群申遗等工作；在全国缩减机构编制的情况下，在文化局增设了博物馆处、文化遗产处，将郑州市文物考古研究所升格为郑州市文物考古研究院。此外，还新组建了郑州市文物稽查大队，加强日常巡视和破坏文物案件的查处，进一步夯实了大遗址保护工作的基础。

三是高起点、高标准编制大遗址保护规划，实现城市环境协调发展。为切实做好大遗址的保护工作，我们委托中国文化遗产研究院、中国建筑设计研究院、清华大学、同济大学等知名规划编制单位，先后完成了郑州商城遗址、郑韩故城遗址、新密古城寨遗址、大河村遗址等多处大遗址总体保护规划和保护展示方案的编制工作，使我市的大遗址保护工作走上更加科学、规范的道路。郑州市列入国家大遗址保护工程的5处大遗址中，有3处位于城市核心区。编制规划时，我们注重大遗址保护和城市发展的有机结合，在有效保护遗址本体及其环境风貌的同时，促进城市布局优化和功能完善。比如在编制郑州商城总体保护规划时，按照商城遗址保护和郑州老城区更新相互促进的理念，投入大量资金对商城遗址附近的历史建筑—城隍庙和文庙进行了大规模维修，在附近规划了占地12万平方米的商都博物院和郑州市文物考古研究院，并规划了一批能体现商都历史文化的建筑。随着规划的逐步实施，郑州商城遗址所在老城区的面貌正在发生明显变化。

四是充分利用遗址价值，提升城市文化品位，使大遗址保护成果惠及于民。文化遗产保护的目的一方面是将其完好地保存下来传承后人，另一方面是让当代人民共享这一宝贵资源。所以，我们在对文化遗产实行严格保护的同时，大胆创新工作举措，把重点放在内涵发掘和精神塑造上，从而提升城市文化品位。2006年以来，我市实施了经济社会跨越式发展三年行动计划，文化建设作为八项重点工程之一被纳入全市经济社会发展主战略，其中就包含了多个文化遗产保护、开发和利用项目。这些项目中，嵩山实景演出、炎黄二帝巨塑及炎黄

郑韩故城

广场、黄帝故里修缮扩建等已经完成，嵩山历史建筑群申报世界文化遗产被作为推荐项目列入2010年世界遗产大会审议确认，商城遗址公园、大河村原始文化生态园等项目正在加快推进。此外，我们以历史遗存为基础开发的黄河文化、嵩山文化、商都文化和黄帝文化，已经成为郑州市城市文化的名片。尤其是一年一度的黄帝故里拜祖大典，吸引了越来越多的海内外炎黄子孙前来寻根拜祖，在国内外产生了重大而深远的影响。

为继续做好郑州市的大遗址保护工作，今后一个时期，我们将围绕以下几个方面来开展工作。

一是坚持政府的主导作用，走法制化道路。大遗址保护是一项牵涉多门学科的综合工程，需要多部门乃至全社会的广泛参与和密切合作，这就要求政府必须发挥主导作用。此外，大遗址因其独一无二的历史价值，继承和保护都要严格遵守其特定的规律，必须在严肃、严密的法律法规框架内进行，这就要求我们建立健全大遗址保护的相关法律法规，走法制化的道路。我市将在进一步完善《郑州商城遗址保护规定》、《嵩山历

史建筑群保护管理条例》的基础上，年内完成《郑韩故
城保护条例》的起草工作，力争在三年内完成我市列
入国家大遗址保护规划的5处大遗址的文物保护立法工
作，逐步建立起较为完备的文化遗产保护法规体系。

二是正确处理大遗址保护与城市建设的关系，将大
遗址保护纳入城市建设的重要内容。城市的魅力在于
特色，鲜明的城市特色可以唤起市民的归属感、荣誉感
和责任感，会吸引人文和经济要素不断聚集，为发展提
供动力。大遗址尤其是城市核心区的大遗址，见证和记
载了城市发展变迁的历史，成为现代城市的一个鲜明特
色。大遗址保护作为城市建设、发展的一个重要组成部
分和动力源泉，二者是相辅相成的。城市的发展不能以
破坏大遗址为代价，大遗址的保护也不应成为城市发展
的阻碍和制约，相反，城市的发展将因拥有大遗址而更
有文化底蕴，大遗址也将随着城市的发展而得到更好的
保护和传承。为此，我们将在编制《郑州市"十二五"
规划》和修订《郑州全面建设小康社会规划纲要》时，
充分考虑文化遗产保护、开发、利用的实际情况，将大
遗址保护纳入城市建设，统筹进行规划部署，从而实现
城市建设和大遗址保护和谐共生。

三是借鉴国内外大遗址保护成功经验，打造文化精
品工程。大遗址尤其是国家文物局确定的"十一五"
期间重点保护的100处大遗址，是中国五千多年灿烂文
明史的主体和典型代表，是中国文化遗产中最精华的部
分，需要我们用最先进的理念、最完美的策划、最科

郑州商代遗址

学的方法来加以保护、展示和传承。为此，我们将借鉴国内外的成功经验，围绕郑州商城遗址和巩义宋陵做文章，打造文化精品工程。在全面实施《郑州商代都城遗址保护规划》的基础上，对书院街片区实行捆绑式整体保护、开发，通过项目调整、土地回购、置换等多种方式，在大规模整治周边环境的同时，最大限度地还原历史风貌，使其成为城市中最美丽的地方、最有文化品位的空间。对巩义宋陵，我们将尽快完成其总体保护规划的编制工作，以申报世界文化遗产的标准对其进行保护，推动宋陵国家遗址公园早日挂牌，打响中原文化这张名牌。

四是继续加大投入力度，完善公众参与机制。大遗址保护是一项投入较大、收益周期较长、公益性极强的事业，单靠市场来推动是比较困难的，需要政府从财力、物力、政策上给予大力支持。特别是在项目实施的前期，需要政府拿出引导性的资金，进行基础设施等公益性建设，创造、改善社会资金赖以生根发芽的条件，吸引社会资金的广泛参与，用最少的资金发挥最大的价值。我们将在郑州商都文化投资建设有限公司市场化探索的基础上，继续加大政府投入力度。同时，大力开展宣传工作，拓展社会大众参与大遗址保护的渠道，充分发挥社会组织的作用，切实做好我市大遗址的保护工作。

各位领导、各位专家，各位朋友，这次大遗址保护高峰论坛，汇集了很多专家学者和社会各界人士。大家聚集一堂，共襄盛会，共谋良策，对我国大遗址保护事业必将起到积极的推动作用。我们将抓住这一难得的机遇，虚心学习兄弟城市的好经验、好做法，进一步解放思想，开拓创新，为保护和弘扬祖国优秀文化遗产、建设中华民族共有精神家园做出新的更大的贡献。

我们诚挚邀请各位领导、各位朋友到郑州考察指导工作。祝大遗址保护高峰论坛圆满成功！

谢谢大家！

弘扬历史文化 保护城市根基
努力实现大遗址保护与利用的
和谐共赢

嘉兴市人民政府

嘉兴，位于长江三角洲南翼、杭嘉湖平原腹心，东接上海，西连杭州，南濒钱塘江，北邻苏州，陆地面积3915平方公里，辖2区5县（市），总人口约500万（其中户籍人口338万）。

嘉兴，古为吴越交界之地，素有"越韵吴风，水乡绿城"之誉，拥有7000年人类活动史和1700多年的建城史，丰富的历史文化遗存遍布城乡，有两处较大规模的遗址"穿越"境内。

作为长江下游、环太湖流域新石器时代的早期文化代表——马家浜文化，其"源头活水"自距今7000年嘉兴马家浜遗址，呈放射状"流"向周边，并为这史前文化烙上"马家浜"的嘉兴符号。据1959年以来的考古调查，位于嘉兴城西南的马家浜遗址，面积2万平方米，是嘉兴城市核心区内规模较大的遗址。她的发现，使嘉兴成为江南古文明的重要发祥地之一，是嘉兴深厚历史文化底蕴的第一标志。

中国最长的线性遗产——大运河，在嘉兴境内长达110公里，流经嘉兴城区长约40多公里，并形成以嘉兴城为中心、八条水路向四周辐射的运河水网体系。运河孕育了嘉兴，促进了嘉兴经济、社会和文化的发展，是嘉兴最具有全国乃至世界意义、最具文化积淀的城市符号之一。

我们始终认为，遗址是人类活动和一座城市历史发展、环境演变的真实记录，她以直接或间接的历史教育、文化教育和科学教育功能，作用于现代社会，对于增强民众的自信心和凝聚力、延续城市的历史文脉、彰显城市的独特个性、提升城市的综合竞争力都具有十分重要的意义。而大遗址，更是一座城市最珍贵的历史记忆，是城市居民共同守望的精神家园。

在城市化进程迅猛推进的今天，深入贯彻落实科学发展观，牢固树立正确的理念，加强文化遗产的保护，特别是城市核心区大遗址的保护，是我们续写城市历史、壮大城市文脉，实现城市建设与遗址保护的协调发展、历史文化与现代文明的和谐共生的一项重要使命。

工作中应把握四条原则。一是城市发展与遗址保护结合原则。作为体现人类文明发展阶段成果的遗址，是一个城市历史进程中的文化坐标。得以很好保护的遗址，可为城市发展"造景"，并提升文化形象，为区域发展构建差异化的文化环境优势。二是遗址保护与发展民生结合原则。要充分认识和理解遗址保护范围内的群众对于改善生活、发展经济的美好憧憬，从而将遗址的保护工作与提高群众生活水平紧密结合起来，让遗址保护惠及群众，从而调动和激发全社会参与遗产保护的积极性和自觉性。三是遗址保护与经济发展结合原则。实践证明，文化遗产保护是区域社会经济繁荣的拉动力和助推剂。我们要深入挖掘遗址的文化、经济价值，使之服务于经济的发展，并在经济发展中更好地保护遗址。四是本体保护与环境综治结合原则。文化遗产的保护范围，除其本体外，还包括其周边环境所包含的一切历史的、社会的、精神的、习俗的、经济的和文化的活动。因此，在实施遗址保护工作中，既要重点做好本体的保护，维护其原真性；还要特别关注遗址本体依存的生态、人文环境等的综合保护和改善，并使其体现或展现遗址本身价值。

嘉兴将根据上述原则，以科学保护为前提，以合理利用为动力，以先进城市为榜样，进一步深入研究城市核心区内大遗址保护与利用这个课题，拟在以下几方面加大工作力度和深度。

（1）增强保护意识。大遗址保护首先是文物保护，保护是一切工作的前提。在城市发展与文化遗产争夺生存空间的矛盾中，我们要在法律框架下寻求保护遗产的方法。要把大遗址保护作为城市发展的基础工作来抓，进一步增强资源意识、责任意识、科学意识、生态意识，努力探索符合嘉兴实际的大遗址保护新方法，努力寻求"两大契合点"：大遗址保护与社会经济发展的契合点，使遗址保护成为涵盖文化休闲、生态保护和旅游发展等的综合工程；大遗址保护与发展群众利益的契合点，使遗址保护成为惠及群众的民生工程。

（2）抓好基础工作。大遗址保护是一项科学严谨的文化实践，也是一项影响广泛、意义深远的系统工程。要扎实地做好文物调查和考古资料积累、科学编制保护规划这两项大遗址保护的最基础工作。同时，要加强遗址保护与管理的机构建设和制度建设，构建完善的保护网络，进一步夯实遗址保护的各项基础工作。

（3）重点带动面上。对嘉兴而言，将以大运河申遗和马家浜遗址保护为重点，带动面上文化遗产保护工作。在国家文物局的统一部署下，大运河（嘉兴段）保护与申遗工作已全面启动，在保护规划获批前，嘉兴已先行下发提前介入运河遗产保护的文件，指导政府各部门和社会各界积极参与运河保护与申遗工作，坚决不拖全国运河申遗的后腿。同时，嘉兴将马家浜遗址保护列入申报国家历史文化名城重点工程。已投入3亿元，完成了周边65000平方米建筑的搬迁和3000亩土地的征用，编制了保护规划，拟依据《良渚共识》，借鉴各地经验，按照生产性保护、记录性保护、研究性保护并进的思路，采用考古遗址公园的方式对遗址进行保护和展示，发挥其综合效益，成为嘉兴崭新的城市窗口。

（4）构建共管格局。嘉兴经济的快速发展，为遗址保护提供了坚实的物质基础。要在遗址保护已经纳入国民经济和社会发展规划、城乡建设规划、财政预算的基础上，进一步将遗址保护工作纳入各级工作目标责任制和领导责任追究制，加大对遗址保护和利用的业绩考核力度，营建遗址保护人人有责的共管格局，提升遗址保护水平。

弥足珍贵的历史文化遗产是沧桑岁月馈赠给我们和后代的财富。作为马家浜文化的薪火传人，嘉兴市委、市政府将以一种全新的视野，在大遗址保护的道路上积极探索和前行，努力化解难题，让清新秀丽的江南水乡文化遗产瑰宝，转化为城市生产力，展现为城市大景观，张扬为城市竞争力，在推动文化大发展大繁荣的进程中，散发出更加灿烂夺目的光彩。

立足大遗址保护与利用
打造特色鲜明的
高句丽文化名城

集安市人民政府市长　于翠利

尊敬的单局长，各位领导、各位专家，朋友们：

非常荣幸能够参加这次在古都洛阳举办的全国大遗址保护高峰论坛。集安市位于吉林省东南部、长白山南麓，东南隔鸭绿江与朝鲜民主主义人民共和国相望。2004年7月1日，集安高句丽王城、王陵及贵族墓葬列入《世界遗产名录》，成为中国第30处世界遗产地。

下面，我简要汇报一下集安市在高句丽大遗址保护方面的一些探索和实践。

（1）以挖掘和研究历史人文内涵为基点，努力打造高句丽文化品牌。一个城市要彰显自身的魅力，就必须探索其发展的源头。集安作为高句丽民族早期的重要活动地区之一，高句丽民族及其建立的高句丽王国留下了大量的历史文化遗迹和丰富的文物。这些历史文化遗产，蕴藏着前人对自然奥秘的探索，既有物质的创造，也有文化精神的积淀，大量的信息会给我们今天的发展带来不竭的动力。为此，我们加大了高句丽文化的考古与研究，组织了多支考古队对集安境内高句丽遗址进行了全面的调查摸底，进行了数百次的抢救式的考古发掘，并邀请省内外专家、学者，全方位、多层次进行高句丽文化的普查搜集、整理和研究，立足"大文化、大历史、大地域、大背景"的观念，打造高句丽古城文化品牌。与吉林省社科院、吉林大学等院校联合，建立了集安考古实习基地、高句丽学术研究基地，举办了全国高句丽学术研讨会、高句丽文化旅游节、"好太王碑"书法邀请展等活动，广泛吸引国内外学者来集安进行考古研究、学术讨论，出版了《高句丽王陵》、《国内城》、《丸都山城》《吉林集安高句丽墓葬报告集》等专著，开发了大型音舞诗画《梦萦高句丽》剧目，挖掘的高句丽"艺发刻纸技法"列入省级非物质文化遗产名录，编撰出版了《集安风物传说》、《高句丽风情书画集》、《历代诗人咏集安》、《集安史话》等一批全面反映我市历史沿革和高句丽文化风情的书籍，高句丽文化在世界文化发展史上的地位得到不断提升。

　　（2）以高标准规划和大力度拆迁整治为手段，全力提升城市发展品位。集安境内有众多的高句丽遗址，与机关单位、厂矿企业、民宅混杂在一起。随着城市化进程的步伐加快，城市建设、经济社会发展对遗址的挤压力越来越大。如何处理好经济社会发展与文物保护的矛盾，如何最大限度地减轻城市化进程对高句丽遗址及周边环境的破坏，成为我市亟需研究解决的课题。为此，市委、市政府经过深入调查研究，确立了"整体保护，协调发展，整合资源，系统展示"的遗址保护和城市建设理念，编制了《集安市历史文化名城保护规划》、《集安市高句丽王城、王陵及贵族墓葬保护规划》等整体性保护和建设规划。在实施过程中，遗址保护区内的城市建设只做"减法"，不做"加法"，疏散城内人口、外迁公用设施、弱化基础设施建设，拓展遗址保护的空间，建设了政务中心，把所有的政府机关单位从国内城遗址区域内迁出；规划建设工业集中区，把遗址周边的工厂全部迁移到工业园区内；建设人性化小区，将遗址附近6000余户民宅整体搬迁到新区。本着"全面保护、突出重点、抢救第一、综合整治"的原则，集中力量对高句丽王陵和高句丽贵族墓周边进行了环境整治和保护维修，投资7000万元建成了高句丽文物展示服务中心，初步形成了将军坟、好太王碑、禹山贵族墓地、丸都山城、国内城等五处大遗址公园，集中展示了高句丽文化的历史风貌。同时，充分考虑和借鉴了高句丽古朴典雅、崇白尚石的民族建筑风格，城市建设按照体现城市主色调的"黑白

灰"、展示城市品位的"素淡雅"、表现城市建筑风格
的"精秀美"的理念，累计投资30多亿元，实施了一批
城市基础设施改造工程。通过一系列的开发建设，市区
及遗址周边绿地面积达320万平方米，建设公园及广场6
个、面积20余万平方米，城市功能日趋完善，城市品位
明显提升，城市特色进一步显现。

（3）以实现"在保护中开发"和"在开发中保
护"为目标，积极推进文物保护与旅游发展的携手共
赢。由于高句丽世界文化遗产独一无二的历史、文化和
社会价值，已成为我市旅游资源不可或缺的一部分。因
此，我们在实践中，既注重旅游综合开发，又避免破坏
遗址，坚持政府主导、企业主体、社会参与的原则，深
入挖掘文物遗迹和高句丽传统民俗、风俗的文化内涵，
把历史文献和考古成果转化为展示性、操作性强的文化
旅游项目，增强观赏美感，拓展观赏空间，延长旅游周
期。突出人文古迹特色，对将军坟、好太王碑等景区进
行资源整合，打造成高句丽遗迹展示的核心景区；深入
挖掘高句丽的文化内涵，全力打造建设一批具有浓郁高
句丽民族特色的文化娱乐场馆、休闲活动广场、餐饮住
宿酒店等旅游服务设施，初步形成了"世界遗产高句
丽，长白山下小江南，中朝界河鸭绿江"三张旅游品
牌，成为集自然秀色、生态风光、人文古迹、边境风情
为一体的新兴旅游城市。自2004年以来，集安旅游业综
合收入年增幅一直保持在50%以上，预计2009年全市旅
游综合收入将达到6.6亿元。

（4）以营造人人关心、爱护和保护文物的良好氛围为落脚点，切实增强全民的文物保护意识。文物的有效保护，城市的健康发展，都离不开高素质的市民参与。因此，我们努力将高句丽遗址公园建设与文物保护宣传教育相结合，使有效保护与合理利用文化遗产的理念深入人心。在具体工作中，为了满足居民休闲、运动、娱乐、健身的需要，实施了国内城遗址公园免费开放、政务广场、滨江休闲广场、通沟河风情区等一批民生工程，让每一位居民都享受到大遗址保护开发建设带来的益处，让居民意识到保护遗址就是保护自身利益，自觉投身到保护遗址的行动中去。同时，我们本着对历史负责、对子孙后代负责的精神，通过设立申报世界文化遗产成功纪念日、组织小小义务讲解员在文物景区讲解、把文物保护法规纳入集安市总体普法规划、每年定期在全市范围内进行集中普法宣传等多种行之有效的方式，切实加强全民文物保护意识，使全市人民深刻认识到文物保护的重要性，营造了人人关心文物、人人爱护文物、人人保护文物的良好社会环境和氛围，文物保护意识已深入民心。

（5）以谋求长远发展和永续利用为根本，全力打造特色鲜明的高句丽文化名城。在高速发展的城镇化进程中，在土地严重紧缺、人口与资源矛盾日益尖锐的条件下，大遗址的保护与开发成为现代城市规划面临的巨大挑战。为此，根据目前高句丽遗址保护工作的需求，我们聘请高水平专家编制高句丽遗址保护总体规划以及国内城、丸都山城、洞沟古墓群等一系列专项保护子规划，将文物保护与城市建设规划、旅游发展规划相衔接，把握好规划的深度、广度和时间跨度，保证永续利用、科学合理、操作性强。并以规划为依据，重点实施国内城东城墙、洞沟古墓群等环境治理保护工程，逐步实施禹山遗址公园、山城下遗址公园、高句丽采石场遗址公园等园林建设工程，将众多遗址穿成线、连成网、汇成面，形成大型高句丽遗址公园群，将集安这座明珠镶嵌在高句丽大遗址公园之中。并以此为依托，大力发展旅游、生态、城市建设等关联产业，协调好保护、利用和发展之间的关系，将集安建设成为环境整洁美观、交通畅通有序、精品建筑错落有致、生态环境完好、适合于人类居住的高句丽文化名城。

城市现代化背景下的
大遗址保护

长沙市人民政府副市长　刘晓越

尊敬的单霁翔局长，各位嘉宾、朋友们：

今天，我们齐聚古都河南洛阳，参加全国大遗址保护高峰论坛，交流大遗址保护成功经验，共商大遗址保护大计，这是我国文化遗产保护和文化建设史上的一件盛事。我谨向论坛的胜利召开表示热烈的祝贺！

我发言的题目是"城市现代化背景下的大遗址保护"。

一、大遗址的价值定位及其对城市发展产生的影响

庙坡山汉墓

中国文化遗产研究院
陕西川慕建筑设计有限公司

长沙铜官窑核心区总体鸟瞰图

众所周知，大遗址是人类文明进步过程中保留下来的重要的文化遗存，是中华民族最宝贵的物质财富和精神财富。大遗址具有形成年代久远、文化内涵丰富和气魄雄浑壮阔等特征，是丰富多彩的地域文化的有力见证，堪为中华文明最辉煌灿烂的鲜活载体，因而成为我国文化遗产保护工作中最重要的组成部分。而今，兼顾现代化建设与历史保护已经成为城市先进性的重要标准，开展大遗址保护工作，其意义重大而深远。毋庸置疑，在城市现代化背景下的大遗址保护，有利于弘扬城市特色，塑造城市良好的文化形象；有利于增强城市认同感，引导城市形成积极向上的发展氛围；有利于优化产业结构，为城市发展提供经久不衰的动力支持，从而促进城市经济、社会、文化全面协调和可持续发展。当前，湖南长株潭城市群已获国务院批准成为"资源节约型"和"环境友好型"社会建设综合配套改革实验区，长沙市已确立"文化强市"战略，在建设人民群众满意城市进程中，加快大遗址的科学保护和合理利用显得尤为迫切和重要。

二、长沙在大遗址保护工作进程中的基本探索

长沙是一座有近3000年悠久历史的文化古城，勤劳、智慧的湖湘先民为长沙留下了极其丰富的历史文化遗产。现已登录和即将公布的各类不可移动文物2400多处。其中，虽然历代文化遗址数量所占的比重不大，但是炭河里西周城址、马王堆汉墓遗址、西汉北津城遗址、西汉长沙国王陵区、长沙铜官窑遗址、明代长沙藩王陵区等大遗址极具价值和代表性。由于这些大遗址大多分布于长沙城区，无论是对长沙的城市现代化建设还是对文化遗产保护，都提出了严峻考验。中共长沙市委、市人民政府高度重视文化遗产保护，树立文化遗产保护的国际化视野，强调文化遗产保护要深度融入现代城市生活，

并作出了初步的工作尝试。一是开展遗产调查。结合第
三次全国文物普查的工作要求，廓清了长沙铜官窑遗址
等一批古代文化遗址的基本面貌，新发现成区域的西汉
长沙国大型古墓葬25座，明代长沙藩王及贵族墓9座，
大遗址调查工作取得了重大收获。二是启动规划修编。
把包括大遗址在内的各类文化遗产纳入城市规划保护范
畴，并将保护文化遗产作为城市设计的重要指导原则，
力求实现科学发展。三是加大保护投入。长沙近两年来
直接用于文化遗产保护的资金超过8亿元，其中在大遗
址保护方面的投入达4200万元，长沙铜官窑遗址保护工
程业已启动。四是落实管理责任。制定了《长沙市不可
移动文物安全管理办法》，将文化遗产的保护管理责任

铜官窑遗迹分布情况

层层落实，直到最基层。鉴于大遗址面积庞大，其保护工作与城市建设、居民生活的矛盾突出，长沙正在作设立"文化遗产保护特区"的积极探索，以提升对大遗址保护、管理和利用水平。五是强化基础研究。出台了鼓励开展文化遗产学术研究的政策，对学术研究实行课题管理，推动对长沙重要文化遗产的专题研究工作，为大遗址保护提供理论支撑。

三、大遗址保护工作面临的具体问题及思考

我们认为，在城市中心区开展大遗址保护工作，面临的困难较大，矛盾也较多，需要审慎地处理好"三个关系"。首先要妥善处理好城市规划与遗产保护之间的关系。大遗址保护应遵循真实性和完整性的要求，体现文化遗产应有的尊严。同时，大遗址所在区域不可能没有现代生产生活，也不可能脱离其他社会要素而独立存在。因此，在城市设计中应坚持将大遗址保护及其所在区域生态环境、经济发展、社会需求等多方面因素进行统合考量，实施统筹规划。无视文化遗产存在与消极、静态的保护方式都是不可取的。其次要妥善处理好抢救性保护与合理利用之间的关系。"一切历史都应是当代史"。大遗址只有被当世所利用，方能显现其保护价值。然而，大遗址是祖先留给我们及后嗣的珍贵历史遗产，对大遗址的合理利用应在做好抢救性保护的前提下进行。要坚决摒弃无端开发与竭泽而渔的短视行为。再次要妥善处理好政府主导与社会力量参与的关系。大遗址保护和利用工程耗资巨大，单凭国家投入是难以快速做到位的。必须建立以公共财政保障为主导，多元融资并行的资金投入模式。片面强调文化遗产国有与忽视文化遗产社会属性的保护理念无疑会不利于文化遗产事业的健康发展。

各位领导、同志们，长沙是国务院首批公布的历史文化名城，文化遗产保护的任务十分繁重，特别是城市区域的大遗址保护工作目前尚处在刚刚起步的阶段，迫切需要国家文物局一如既往的重视与支持，也需要兄弟省市对长沙市给予帮助，更需要各位专家的精心指导。在新一轮的城市化进程中，长沙市有信心，也有能力做好大遗址保护工作，让文化遗产之花绽放得更加绚丽、更加芬芳！

谢谢大家！

展现"城摞城"奇观
传承开封城市文脉

开封市人民政府副市长　陈国桢

　　开封是全国首批公布的24座历史文化名城之一，是
我国历史上一座著名的古都，战国时期的魏、五代时期
的后梁、后晋、后汉、后周、北宋和金代后期都曾在这
里建都，素有"七朝古都"之称。特别是北宋时期，开
封借助汴河漕运的便利条件，"人口逾百万，货物集南

开封段大运河古道走向

北〞，成为当时世界上最繁华的城市之一，在中国古代都城发展史上起着承前启后的作用。悠久的历史赋予了开封众多的文化遗存，现有北宋东京城遗址、鹿台岗遗址、大运河汴河段遗址、启封故城、椅圈马遗址、康王故城、段岗遗址、苑陵故城等数十处不同类型的遗址，这些古遗址是开封作为古城的历史见证。

一、开封市区内遗址简况

由于多次经受黄河洪灾和泥沙掩埋，目前开封地下3米至12米处，上下叠压着相对完整的6座城池，"开封城，城摞城，地下埋有几座城"这样的谚语广为流传。这样的谚语也为考古工作者所证实，自1981年开始的考古发掘证明在地下10余米深有魏国国都大梁城，距地面10米左右为唐汴州城，约8米处为北宋东京城，约6米深有金汴京城，而5米至6米深处是明开封城，3米深左右建有清开封城，这其中包括3座国都、2座省城及1座中原重镇。他们按照时代由早到晚，地层自下而上地叠压在了一起，构成了"城摞城"的奇特景观，被考古学家认为在中国五千年文明史上是绝无仅有的，在世界考古史和都城史上也是独一无二的。

北宋东京城是运河城镇最高成就的代表，由外城、内城和皇城三重城垣组成，是今天开封城下自下而上摞着的第三座城池。上世纪八十年代以来的文物勘探结果显示，整个外城呈一南北稍长、东西略短的长方形，外城四周总长29120米，折合宋里约50里左右，与文献记载的周长50里165步的记载大致吻合，是开封市范围最大、保存最完整、遗存最丰富的一处大遗址，被国务院于1988年公布为全国第三批重点文物保护单位。

汴河，始于战国魏惠王攻占大梁后开挖的鸿沟，隋时名通济渠，唐代又称广济渠，它沟通江淮，成为大运河的主干。北宋时它东西横贯东京（开封）城，与古代开封城市的发展有着极其密切的关系，汴河的兴废与古代开封城的发展、鼎盛、衰落息息相关。特别是在北宋时期，汴河为开封城的繁荣与鼎盛更是起到了至关重要的作用，故有"汴河通、开封兴；汴河废、开封衰"之称。大运河汴河段遗址在开封段全长80公里左右，其中开封市段25公里左右，基本上呈东西走向，开封县和杞县段故道基本上呈西北－东南走向，与今天的惠济河走向基本一致，运河故道今天多淤没于地表以下。

1984年8月，在原市皮鞋厂办公楼的东侧探明了古州桥遗址。该桥为南北向砖石结构的拱型桥，南北长17米、东西宽30米，桥面距地表深约4.3米，孔高6.58米，拱跨5.8米，矢跨比为1.27：2,桥基距地表深约12.5米，保存基本完好。现存州桥的桥面、拱券、桥墩均为明代修造，根据桥基的埋藏深度以及其所用筏形基础的砌筑手法等来看，其桥基应是始建于北宋时期。另外从唐宋时期开封城垣及汴河河道的位置均没有发生变化的情况来分析，北宋时期的州桥就是在唐代汴州桥原址的基础上修造而来，其位置亦不会有所变动。州桥是北宋东京城内汴河之上的标志性桥梁，是运河的附属设施，其位置千余年来未有偏移是重要的北宋东京城遗留至今的地理坐标。

二、大宋文化博物馆·开封城摞城新郑门遗址基本情况

新郑门是北宋东京城外城诸城门中保存最完好的一座城门，不仅规模宏大，门址结构保存完整，形制独特，埋藏较浅，而且门址区域地表建筑物较少，具备考古发掘条件。其位于宋外城西墙墙体南部，门址平面呈长方形，南北长160米左右，东西宽100米左右。为"直门两重"的瓮城型制，城门和瓮门均为砖砌而成，东西方向。整个瓮城城墙主体均为夯筑而成，保存宽度20米左右，城墙主体保存高度多在7米左右。

开封新郑门遗址（城摞城）博物馆项目以开封市宋城广场以南、汉兴路以北、夷山大街以西180米处为西

新郑门博物馆鸟瞰

界开发范围。规划开发面积为东西宽180米，南北长325米，总用地面积约58500平方米。其中：绿地面积8340平方米，停车场面积6950平方米，总建筑面积约27800平方米。博物馆主体采用下沉式，东西宽150米，南北长200米，占地30000平方米。该遗址博物馆建成后，不仅能形象向世人展示开封地下独特的"城摞城"奇观，而且在全国博物馆体系中具有无可比拟的独特性。

近年来，随着郑汴一体化逐步的深入，开封西区开发的速度日益加快，城建规模扩张迅速。北宋东京城外城西墙正处在开封市西区与老城区的中间地带，新郑门遗址更是首当其冲，位于这一中间地带的核心区域，因此新郑门遗址的文物保护工作就变得尤为迫切。

三、建设大宋文化博物馆·开封城摞城新郑门遗址的意义

（1）新郑门遗址的考古发掘和新郑门遗址博物馆的建设有利于北宋东京城大遗址的整体保护。由于东京城遗址整体埋藏较深，目前所开展的工作是钻探多、发掘少，对东京城城墙的建筑结构和城门的建筑形式等还不清楚，新郑门的发掘和保护必将进一步把大遗址的保护和研究工作引向深入，并为北宋东京城的保护规划提供科学的依据。

（2）提升北宋东京城在全国地位和影响力。长期以来，北宋东京城遗址因埋藏深、地下水位高等客观原因，很少进行考古发掘。目前所获得的有关北宋东京城的考古资料多是考古调查、勘探的成果，这种现状一定程度上降低了北宋东京城在我国古代大遗址

中的地位和影响力，与北宋东京城的实际历史地位甚不
相符。新郑门遗址的发掘和博物馆的建设会更加强化我
市作为宋城的特色，提升北宋东京城在全国地位和影响
力，提高我市在宋文化研究中的地位。

（3）填补北宋东京城大遗址保护研究的空白。新
郑门遗址的考古发掘保护工作必将进一步丰富北宋东京
城大遗址的内涵，弥补北宋东京城遗址钻探多、发掘少

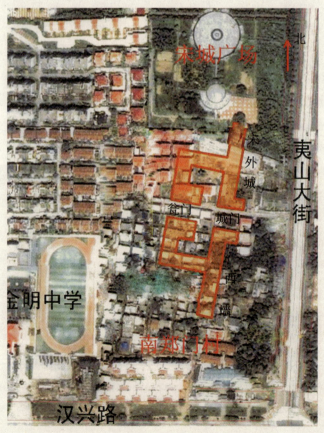

新郑门遗址现状

的不足，填补北宋东京城研究的一些缺憾和空白，为研究我国古代都城形制、布局的演变补充目前十分缺少的关于北宋东京的考古材料。

（4）有利于大运河申遗，为大运河的申遗提供有价值的考古材料。大运河是传承中华文明的重要载体，是全人类共同的宝贵财富。大运河是目前我国最受关注的申遗项目之一。隋唐时期开凿的大运河横穿开封全境，到了宋代，大运河更是自西向东从东京城中部穿过，并成为北宋东京城的经济生命线。新郑门遗址就位于东京城运河西水门南侧，因此新郑门遗址的考古发掘必将为大运河申遗提供一个非常有价值的文物点，进一步丰富大运河申遗的考古资料。

（5）展示宋城风采，再现古都辉煌。瓮城遗址不仅保存较好，埋藏深度较浅，若能科学地开发展示，不仅最能反映宋城巍峨壮观、气势非凡的风采，而且也能向世人再现开封"城下城"、"城摞城"的奇特景观，让世人透过千余年的历史沧桑，追忆古都开封的辉煌。

（6）引发社会关注，提高开封的凝聚力。新郑门遗址的考古发掘保护工作价值巨大，其必将进一步推动我市的大遗址保护工作，并把北宋东京城遗址的保护和研究工作引向深入，为北宋东京城的保护规划提供科学的考古发掘材料和依据；其必将引起各级领导部门及广大市民的高度重视，引发人民群众对北宋东京城的空前关注和保护热情，进而提高开封的凝聚力和知名度；同时也必将把北宋东京城的保护工作推向前进，带动开封市大遗址保护工作的投入力度，努力争取将北宋东京城遗址列入第二批国家大遗址保护项目。

北京市城市核心区
大遗址保护工作情况

北京市文物局

一、北京市大遗址保护项目简况

北京市列入大遗址保护项目的有周口店遗址、圆明园遗址、琉璃河遗址、长城、京杭大运河等五处，均为全国重点文物保护单位。目前，我市各项大遗址保护工作进展顺利，部分遗址项目已经取得了较突出的成绩，遗址保护成效显著。长城黄花城、将军关、岔道城等修缮保护后，成为社会各界参观学习的新热点，部分遗址成为区域经济发展新的增长点，为构建和谐社会、促进科学发展做出了新的贡献。此外，周口店等遗址的加固保护确保了文物和游客的安全，得到了社会各界的一致认可，社会效益明显。

其中，圆明园遗址与部分京杭大运河位于城市核心区，与城市发展关系密切。近年来，各级政府结合区域发展规划，开展了一系列卓有成效的环境整治和保护工作，如圆明园含经堂遗址保护、大运河沿线文物古迹保护及环境整治等。

二、圆明园大遗址保护工作

（一）编制文物保护规划

市委、市政府非常重视圆明园遗址的保护工作，市、区政府不仅将圆明园遗址保护整治工作列入政府工作计划，而且投入大量资金用于遗址保护和环境整治。1999年在北京市委、市政府的领导下，市文物局委托北京市规划院制定了《圆明园遗址公园规划》。2000年至2001年国家文物局与北京市政府分别同意、批准了该规划。为更好地实施《圆明园遗址公园规划》，组织专业机构正在组织制定《圆明园遗址考古、文物复建、山形水系专项保护规划》。

（二）加强遗址保护和文物修缮

2000～2002年，在"3.3亿"文物抢险修缮工作中，将圆明园遗址保护列为重点项目，先后投入近2000多万对圆明园大宫门以及九州清晏等48处景点遗址进行考古调查、勘探。经国家文物局批准，对长春园宫门、含经堂遗址进行考古发掘，并完成含经堂遗址保护工程。修缮圆明园唯一保存的古建筑——正觉寺及圆明园遗址剩余未修缮的围墙，使圆明园围墙基本围合，为圆明园遗址的保护提供了有利条件。从2003年起，在"人文奥运"文物保护计划中，又投入1000多万继续用于圆明园遗址考古和保护。到目前为止，在保护文物专项经费上的投入近4000万元。

（三）开展环境整治和搬迁工作

2000年初至2002年底，海淀区政府对圆明园内占用单位和居民进行了历史上规模巨大的搬迁工作，搬迁居民785户。2001年市、区政府将12个驻园单位迁出圆明园遗址，拆除各类杂乱房屋5万多平方米，安置劳动力1700余人。

经过几年的整治，使长期困扰圆明园遗址保护工作的住户搬迁、驻园单位腾退等老大难问题得到彻底的解决，圆明园遗址的保护状况发生了根本性的改变。这些有力的保护措施得到了社会各界，尤其是有关专家、学者、人大代表、政协委员的广泛好评。特别是2000年以来，在市委、市政府的直接关心和指导下，圆明园遗址的保护发生了根本性的改变。保护力度之大、投资之多、成效之明显，是圆明园遗址百年历史上从未有过的。

三、京杭大运河保护工作

（一）夯实基础，公布相关遗迹为文物保护单位

通过前几次的文物普查，北京市对运河沿线历史遗迹进行了初步调查工作，包括通州区通运桥及张家湾古城、土坝、石坝码头、燃灯塔、朝阳区八里桥、东城区南新仓、西城区后门桥、昌平区白浮泉遗址等在内，已经陆续公布为各级文物保护单位，并多次进行了修缮和保护工作。另外，什刹海等历史文物集中的地区已列为历史文化保护区。2007年以来，市文物部门牵头开展了大运河调查工作，组织专业研究单位根据历史文献、相关文章及现场调研，实地调查了运河沿线100余处相关遗迹，分析各遗产点与大运河间的关系，已经初步完成了遗产点的筛选工作。2009年5月，国家文物局组织专家对大运河北京段遗产点进行了评审，确认与运河直接关联的遗产共计40处，其中各类河道、水利工程、航运管理设施机构或仓库等31处，其他相关的古建筑、古遗址、碑刻等9处。

（二）加强保护，修复运河沿岸文物建筑和遗迹

为进一步做好运河保护工作，北京市在对运河沿线遗迹进行初步普查登录的基础上，制定了相关文物保护修缮计划，逐步对大运河及沿线的文物古迹进行保护修复。2000年至2007年，北京市先后制定了"3.3亿"和"人文奥运"文物保护计划，修缮保护的思路为"整治两线景观、恢复五区风貌、重现京郊

六景"（"两线"指中轴线和朝阜路线，"五区"指什刹海风貌区、国子监古建筑群游览区、琉璃厂传统文化商业区、皇城景区、古城垣景区，"六景"指西郊风景名胜区、北京段长城风景保护区、帝王陵寝保护区、京东运河文化带、宛平史迹保护区、京西寺庙景区），其中对明、清皇城景区、什刹海风景区等进行了重点修缮保护，对不协调的建筑进行整治，对存在安全隐患的文物保护单位进行修缮，并将运河文化景观作为"京郊六景"之一。如北京市"3.3亿"文物保护计划中修缮了始建于元代的后门桥，已经成为北京运河文化的标志性历史遗迹之一。此外，东城区玉河是大运河流经北京皇城的历史水系， 2007年对其进行保护整治时，发现了玉河故道及东不压桥遗址，目前已经妥善进行了加固修缮，在条件具备后恢复其历史河道并向社会展示。除上述历史遗迹，东城区南新仓、朝阳区土坝、通州区文庙、燃灯塔等均进行了不同程度的修缮加固。其中南新仓在修复后已经对社会开放，形成明清文化街，成为展示运河文化和北京传统的重要窗口。

（三）积极整治，恢复运河历史河道和周边环境

近几年，大运河沿线各区县逐步加大对运河的保护和环境整治力度。其中，通州区委、区政府投入巨资对大运河通州段进行了整治，纠正了以前水泥板护坡的做法，对两岸进行了绿化，对河床进行清淤，然后引水，恢复大运河的历史胜景。同时，根据考证在原来码头位置上预留空地，以备时机成熟恢复原有景观，并在城市规划中严格控制在运河两岸的建设规模。在整治过程中，对出土的文物进行了很好的收集和整理，包括许多瓷片、城砖、铁锚和两根"皇木"等，现在都保存于通州区博物馆。目前，运河文化已经成为通州区重要的城市名片和文化品牌。朝阳、东城、西城、昌平、海淀等区也先后对长河、通惠河等古河道及沿线闸、桥进行修缮保护。

四、工作经验与体会

（一）文物保护规划先行

圆明园遗址等先后完成了保护规划，与城市和国民经济发展规划相协调，为遗址

保护工作的顺利开展提供了指导和依据。大运河等其他大遗址保护规划工作正在进行之中，其规划的编制完成，必将进一步推动大遗址保护研究和合理利用工作。

（二）依法履行方案报批

在规划的基础上，涉及文物保护、遗址加固、新建工程等，均依法履行了报批手续，确保了实施方案的合法、科学、合理。

（三）中央补助作用明显

中央对长城、大运河、圆明园等大遗址保护项目的重视和大量的资金投入，引起了市、区县各级政府的高度重视，带动了地方配套资金的积极投入。目前，仅圆明园遗址保护一项，市、区政府投入的修缮保护和环境整治经费已超过10亿元。

（四）实施全程专家指导

目前，大遗址保护、展示的方式仍在进一步研究探讨当中，为此，在圆明园遗址、大运河等保护过程中，均建立了专家评审参与机制。在方案实施前、实施中、实施后各个阶段，邀请专家积极，提出了很多宝贵的建议和意见，对发现的问题及时进行研究解决。

五、存在的问题

（一）存在不同的保护理念

以圆明园遗址的保护问题为例，长期以来，保护方式一直是社会各界争论的热点话题之一。如对圆明园遗址保护方式上就有"荒废派"和"复原派"之说；对遗址功能上有"公园派"和"遗址派"之争等等。

（二）环境景观有待进一步改善

圆明园遗址搬迁和环境整治工作取得了较大进展，但其西北部地区仍存在大量的垃圾渣土，道路系统尚不完善，水系尚需沟通。目前，圆明园大宫门地区仍被部分单位、居民占用，尚需尽快开展搬迁整治工作。大运河部分河道因水资源匮乏已经失去了原来的河道和功能，部分河道甚至成为农田，也有部分地区环境脏乱，其保护难度很大。

（三）专项保护规划和法规缺乏

与长城这样的大量分布于崇山峻岭间的文化遗产有所不同，圆明园和大运河位于城市核心区，特别是大运河连接了经济发达的各个区域，与经济社会的关系更为密切。因此，随着经济社会的发展，运河沿岸的开发强度不断加大，由于缺乏相应的规划，开发性破坏的问题依然存在，亟待尽快完成运河的保护规划编制工作。因此，如何在保护运河遗产的基础上，再现其历史、科学、社会等价值，并促进区域与城乡的可持续发展，是目前急待全面思考和综合布局的重要议题。

六、下一步工作的思考和建议

（一）不断完善基础工作

为实现对大遗址的有效保护，应对运河等大遗址进行全面系统调查，调查内容包括其历史沿革、分布情况和保存现状，包括物质形态的文化遗产也应包括非物质性文化遗产，进一步明确遗址的内涵、特性、保存现状等，加强基础资料、历史文献的整理研究工作，为建立四有档案、划定保护范围和建设控制地带和编制保护规划奠定基础。

（二）尽快完成保护规划

根据城市总体规划确定的规划思路，今后应进一步结合城市总体规划对历史文化名城的保护要求，按照总体规划对东城、西城等有关区县和通州区新城的不同定位，尽快科学编制保护规划，为开展大运河"申遗"及遗址可持续发展提供重要的技术支撑。

（三）完善相关法律法规

由于大遗址通常分布范围广、管理部门多，保护规划编制后对于大遗址的相关管理工作将是难点，因此，需要进一步通过专项法律法规的完善明确保护要求和管理职责，确保大遗址保护工作有法可依、有法必依。

（四）确保持续经费投入

近几年各级政府针对遗址保护制定了多项保护修缮和环境整治计划，投入了大量的经费，在历史文化名城保护、历史文化街区保护、文物保护、旧城整体保护、历史河湖水系保护等方面都取得了一定的成绩。今后，遗址保护工作的经费缺口仍然较大。因此，应事先制定多个年度的经费或环境整治计划，纳入当地城市改造发展规划中，使保护经费得以持续、稳定的投入，推动遗址周边环境的不断改善。

（五）加强研究展示工作

应注意培养人才，充分发挥专家等社会资源的优势，集纳当代学者已取得的研究成果，并主动组织研究若干的专项课题，推动大遗址的保护和研究工作。同时要继续通过研讨会、新闻宣传、文化节、展览等多种形式，积极开展保护和文化宣传活动。通过研究宣传工作，形成全社会的合力，进一步推动大遗址保护工作。

装帧设计／特木热
责任印制／梁秋卉
责任编辑／王　霞

图书在版编目（ＣＩＰ）数据

大遗址保护洛阳高峰论坛文集 ／ 国家文物局编．— 北京：
文物出版社，2010.10
　　ISBN 978-7-5010-3037-8

　　Ⅰ．①大…　Ⅱ．①国…　Ⅲ．①文化遗址－文物保护－

洛阳市－学术会议－文集　Ⅳ．①K878.04

　　中国版本图书馆CIP数据核字（2010）第186418号

大遗址保护洛阳高峰论坛文集

国家文物局　编

出版发行　文物出版社
地　　址　北京东直门内北小街2号楼
　　　　　邮政编码　100007
　　　　　http://www.wenwu.com
　　　　　E-mail:web@wenwu.com

制版印刷　北京圣彩虹制版印刷技术有限公司
开　　本　787×1092毫米　1/16
印　　张　9.5
版　　次　2010年10月第1版　2010年10月第1次印刷
书　　号　ISBN 978-7-5010-3037-8
定　　价　98.00元